Elke Leithner-Steiner

Licht werden – Imagination in Therapie und Beratung

Innere Transformationsprozesse durch die Kraft des Bewusstseins

Elke Leithner-Steiner
Pertisau am Achensee
Österreich

Masterarbeit Donau-Universität Krems, 2016 u.d.T.: Elke Leithner-Steiner: „Licht werden – Imagination im Anwendungsfeld psychosozialer Beratung."

BestMasters
ISBN 978-3-658-16395-2   ISBN 978-3-658-16396-9   (eBook)
DOI 10.1007/978-3-658-16396-9

Die Deutsche Nationalbibliothek verzeichnet diese Publikation in der Deutschen Nationalbibliografie; detaillierte bibliografische Daten sind im Internet über http://dnb.d-nb.de abrufbar.

© Springer Fachmedien Wiesbaden GmbH 2017
Das Werk einschließlich aller seiner Teile ist urheberrechtlich geschützt. Jede Verwertung, die nicht ausdrücklich vom Urheberrechtsgesetz zugelassen ist, bedarf der vorherigen Zustimmung des Verlags. Das gilt insbesondere für Vervielfältigungen, Bearbeitungen, Übersetzungen, Mikroverfilmungen und die Einspeicherung und Verarbeitung in elektronischen Systemen.
Die Wiedergabe von Gebrauchsnamen, Handelsnamen, Warenbezeichnungen usw. in diesem Werk berechtigt auch ohne besondere Kennzeichnung nicht zu der Annahme, dass solche Namen im Sinne der Warenzeichen- und Markenschutz-Gesetzgebung als frei zu betrachten wären und daher von jedermann benutzt werden dürften.
Der Verlag, die Autoren und die Herausgeber gehen davon aus, dass die Angaben und Informationen in diesem Werk zum Zeitpunkt der Veröffentlichung vollständig und korrekt sind. Weder der Verlag noch die Autoren oder die Herausgeber übernehmen, ausdrücklich oder implizit, Gewähr für den Inhalt des Werkes, etwaige Fehler oder Äußerungen.

Gedruckt auf säurefreiem und chlorfrei gebleichtem Papier

Springer ist Teil von Springer Nature
Die eingetragene Gesellschaft ist Springer Fachmedien Wiesbaden GmbH
Die Anschrift der Gesellschaft ist: Abraham-Lincoln-Str. 46, 65189 Wiesbaden, Germany

Geleit

Geistes- und Naturwissenschaften sind oft wie zwei Geschwister, die ganz verschiedene Sprachen sprechen und zwischen denen die Verständigung oft schwer fällt. Jeder geht (methodisch) seinen eigenen Weg und die Berührungspunkte sind gering. Trotz vieler neuer Erkenntnisse der modernen Wissenschaft haben wir den cartesianischen Dualismus der Trennung von Körper und Geist noch nicht überwunden. Selbst in Forschungs- und Anwendungsbereiche, in denen man sich um die Einheit des Menschen bemüht, fällt die Kooperation von geistes- und naturwissenschaftlichen Erkenntnissen schwach oder eben bisher nur punktuell aus. Zu unterschiedlich scheinen die Ansätze und Wissenschaftsparadigmen.

Die Problematik, die hier auf der prinzipiellen, wissenschaftstheoretischen Ebene benannt ist, spielt auch im psychosozialen Beratungssetting eine bedeutende Rolle. Die fehlende Kooperation unterschiedlichster Wissenschaftsbereiche, der Mangel an interdisziplinären Zugängen hat für diesen Bereich gravierende Auswirkungen. Wie schwierig das Gespräch zwischen geisteswissenschaftlichen und naturwissenschaftlichen Ansätzen gerade in Bezug zu Therapie- und Beratungstheorien ist, zeigt nicht zuletzt allein ein Blick auf die Geschichte der „Mutter aller Therapieverfahren", der Psychoanalyse. Es hat Jahrzehnte gedauert, bis ein ernsthaftes Gespräch mit naturwissenschaftlicher, empirischer Forschung zustande kam.

Die vorliegende Arbeit kann man in diesen skizzierten, größen Rahmen einordnen. Elke Leithner-Steiner legt unter dem schönen und vielversprechenden Titel „Licht werden" einen interessanten und bemerkenswerten Ansatz vor, der die Erkenntnisse aus den meist getrennt agierenden Wissenschaftsbereichen zu verbinden sucht. Sie schöpft dafür sowohl aus einem intensiven Studium einschlägiger Literatur als auch aus der reichen Erfahrung ihrer

Praxis mit Klientinnen und Klienten, denen das „Licht abhanden gekommen ist" und es wieder suchen.

Als zentrierende Theorie verwendet Elke Leithner-Steiner das Konzept der „Imagination". Darin sieht die Autorin eine bedeutende Hilfe für die Persönlichkeitsentwicklung im Rahmen psychosozialer Beratung. Die Imagination wird zum zentrierenden Angelpunkt, in dem Leithner-Steiner die logotherapeutisch und tiefenpsychologisch orientierte Beratungstheorie mit Erkenntnissen aus der Naturwissenschaft verknüpft. Sie findet sich gegenseitig stärkende Analogien und sichert damit den Imaginationsansatz empirisch ab.

Imagination arbeitet mit inneren Bildern und der Kraft der Vorstellung aus dem schöpferischen Inneren des Menschen. Leithner-Steiner erläutert theoretisch und praktisch – durch zahlreiche Fallbeispiele – die besondere „Kraft der Imagination": Imaginative Persönlichkeitsentwicklung geschieht in einem Prozess, der die persönlichen Ressourcen bewusst aktiviert, Resilienz stärkt und mit Selbstwirksamkeitserwartung anregt. Der Beratungsprozess unterstützt dabei jene spontanen, selbstorganisatorischen Wirkprozesse der Psyche, die unter Einbeziehung der körperlichen, psychischen, interpersonellen und kulturellen Ebene neue heilsamere Ordnungs- und Bewertungsmuster entstehen lassen. In diesen existentiellen Transformationsprozessen wird die schöpferische Kraft der Seele deutlich. Es geht also um eine Neuordnung inmitten des gegenwärtigen Chaos, um eine Neustrukturierung, die heilsam Altes und Neues verknüpft. Dieser Vorgang bezieht alle Ebenen menschlichen Seins mit ein: Gedanken, Bilder, Emotionen, Sinn- und Beziehungsmuster, Grundüberzeugungen sowie körperliche Symptome. Verwendete Begriffe wie Kreativität und Spiritualität weisen auf die existentielle Bedeutung des Prozesses hin.

Das Besondere und Weiterführende der Arbeit von Elke Leithner-Steiner liegt nun darin, die Methode nicht nur verständlich und mit Praxisbezug zu präsentieren, sondern Imagination in ihrer Einflussnahme und Wirkung auf das gesamte „komplexe System" Mensch als einem biopsychosozialen Wesen durch Heranziehen entscheidender Erkenntnisse aus anderen Wissenschaften zu erhellen und verständlicher zu machen. Die Komplexität des Menschen bringt es mit sich, dass die Wirkweisen und Effekte der Imagination auf den menschlichen Organismus nur durch interdisziplinäre Verknüpfungen darzustellen sind. Daher kommen anspruchsvolle Themen der komplexen Wachstumsvorgänge des Lebens wie Synergetik, die Prinzipien der Transformation, Gegenwärtigkeit, Emotiozentrik und der Körperlichkeit zur Sprache ebenso wie Rhythmus, Schwingung und transformative Kommunikation.

Leithner-Steiner versucht also in der Beschreibung von mentalen Wachstumsvorgängen neurologische, medizinische, zell- und chronobiologische Erkenntnisse zu integrieren. Die Imagination wird mit ihrer Wirkung auf den Organismus beispielhaft beschrieben, indem die einschlägigen Erkenntnisse der naturwissenschaftlich orientierten Medizin, also z.B. mit der Wirkung auf Herzzellen und das autonome Nervensystem, auf Hormone und Neurotransmitter, plastisch dargestellt werden. So lässt sich die Wirkung von Imagination auf das „komplexe System" Mensch naturwissenschaftlich „messen", d.h. empirisch nachweisen. Der menschliche Geist, die inneren Bilder und der Beratungsprozess selbst, orientiert sich aber an allem, was Licht bedeutet: Es sind jene inneren Ressourcen, die sich in Form von humanen Werten (Freiheit, Verbundenheit, Zugehörigkeit, Vertrauen, Geborgenheit, Liebe, Hoffnung, Wertschätzung, u. v. m.) zeigen.

Schließlich geht es in diesem Buch nicht nur um die Verknüpfung von beratungstheoretischen Ansätzen mit naturwissenschaftlichen, v.a. medizinischen Erkenntnissen. Neben dem Ausweis der Kraft der Imagination auf das „komplexe System" Mensch werden mit Blick auf das Beratungssetting auch die Konsequenzen auf die Funktion der Beraterin und des Beraters benannt – bis hinein in das Konzept der Gegenübertragung: Als Resonanzkörper sind Beraterinnen und Berater sowie Therapeutinnen und Therapeuten

Spiegel und Projektionsfläche, aber darüber hinaus ebenso ein anregendes Gegenüber durch den Reichtum an eigenen inneren Bildern, die den Klientinnen und Klienten zur Verfügung gestellt werden.

Bei den Ausführungen über die existentielle Bedeutung der Imagination gehen die Aussagen (innere Weisheit; wahrer Kern; göttliches Wesen, das sich in ihm ausdrückt, ...) über die wissenschaftliche Verifizierbarkeit hinaus, was bei strengen Empirikern sicher Kritik auslösen dürfte. Denn diese Metaphern rühren an den spirituellen Bereich bzw. setzen weltanschauliche Sichtweisen voraus, die freilich empirisch nicht überprüft werden können. Diese Aussage gilt jedoch für die Prämissen der meisten therapeutischen Schulen.

In jedem Fall wird den Kräften der Seele großes Vertrauen entgegen gebracht, wenn angenommen wird, dass sie relativ selbständig in der Lage sind, heilsame Ordnung in das psychische Chaos zu bringen. Eine solche Annahme mag Skeptiker auf den Plan rufen. Zahlreiche medizinische Experimente bestätigen jedoch die Wirkung des Imaginierens, indem es heilsame, neuronal, hormonell und immunologisch nachweisbar positive Effekte hervorruft. Die Autorin wird nicht müde, unter Verweis auf eine Fülle an (medizinischen) Studien, die unerwartete Wirkung der Imagination zu erklären.

Der Text von Elke Leithner-Steiner zeugt von einer intensiven und mehrdimensionalen Beschäftigung mit dem Thema, verarbeitet eine Fülle an Literatur und bietet reiche Inspiration zur Methode der Imagination - verknüpft in seiner Wirkung mit dem „komplexen System" Mensch. Darin liegt der große Wert der vorliegenden Arbeit, die daher wärmstens empfohlen wird.

Die beschriebenen Konzepte und die Kombination von unterschiedlichsten Zugängen und Wissenschaftsbereichen verlangen von den Leserinnen und Lesern einiges an Konzentration und „Vorstellungsvermögen". Sprache und Stil wechseln entsprechend den referierten Wissenschaftsbereichen, stellen demnach eine produktive und kreative Herausforderung dar, weil es die Fähigkeit der „Mehrsprachigkeit" verlangt.

Ich beglückwünsche den Verlag zur Aufnahme dieses Buches in sein Programm und wünsche der Autorin und dem äußerst anregenden Buch eine interessierte Leserschar!

Dr. Johannes Panhofer

Psychotherapeut, Lektor an der Donau-Universität Krems

FÜR REBECCA, DIE MICH BEWAHRT

Mein Dank richtet sich an all jene, die mich auf ihre individuelle Art und Weise auf unterschiedlichen Ebenen in Hinblick auf die Entstehung dieses Buches unterstützt und segensreich begleitet haben. Allen voran meine Klientinnen und Klienten, die ihre Imaginationen zur Verfügung stellten sowie meine Familie.

Dank auch allen Denker/innen und Forscher/innen für ihre Ideen, Beiträge und Erkenntnisse, die als einzelne Teile die Summe des vorliegenden Ganzen bilden.

Inhaltsverzeichnis

1 Einleitung 1
2 Äußere Welt – Beratung 5
   2.1 Entwicklung von psychosozialer Beratung 5
   2.2 Definition von psychosozialer Beratung 7
3 Innere Welt – Imagination 9
   3.1 Definition 9
   3.2 Entwicklung 11
   3.3 Wirkweise und Indikation 13
   3.4 Gefahren und Kontraindikation 16
   3.5 Die Methode der Wertimagination 18
      3.5.1 Anthropologie 18
      3.5.2 Merkmale und Methodik 19
   3.6 Bedeutung 20
      3.6.1 Therapeutische Bedeutung 21
         3.6.1.1 Ressource – Die helfende Hand 21
         3.6.1.2 Resilienz – Ich HABE, Ich BIN, Ich KANN 29
         3.6.1.3 Selbstwirksamkeitserwartung
               An sich selbst glauben macht stark! 32
      3.6.2 Existentielle Bedeutung 36
         3.6.2.1 Schöpferkraft und Kreativität 37
         3.6.2.2 Schöpferkraft und Spiritualität 40
4 Leben will leben – Mentale Wachstumsvorgänge ... 45
   4.1 Synergetik 45
      4.1.1 Licht werden – Laserlicht 47
      4.1.2 Licht werden – Entwicklung 49
   4.2 Das Prinzip der Transformation 51
   4.3 Das Prinzip der Gegenwärtigkeit 55
   4.4 Das emotiozentrische Prinzip 55
      4.4.1 Bipolarität 57

	4.4.2	Herzkohärenz	60
	4.4.3	Neuroplastizität	66
	4.4.4	Zellaktivität	74
4.5		Rhythmus und Schwingung – Chronobiologie	79
4.6		Das Prinzip Körperlichkeit	81
	4.6.1	Schmerz	84
	4.6.2	Placebo-Effekt	87
4.7		Die transformative Kommunikation	88
	4.7.1	Manipulation	91
	4.7.2	Übertragung	93
	4.7.3	Licht sein – Würdeorientierung	94
5		Was ist der Mensch? – Grenzen im Denken überwinden	99
	5.1	Epigenetik	99
	5.2	Aggression und Gewalt	102
	5.3	Potentialentfaltung	104
	5.4	Eine Welt des Geistes	107
6		Schlussbetrachtung und Resümee	109

Literaturverzeichnis ... 121

Abbildungsverzeichnis

Nummer *Seite*

Abb. 1: Lichtstrahlung – aus http://www.holoptics.de 49
Zugriff am 17.11.2015

Abb. 2: Das bipolare Prinzip – nach Plassmann, R. (2014). 58
Die Kunst, seelisches Wachstum zu fördern (S. 99).
Gießen:Psychosozial-Verlag.

Abb. 3: Herzrhythmen, Kohärenz & Chaos – nach Peters, M. (2014). 61
Gesundmacher Herz. Wie es uns steuert, verbindet und heilt
(S. 39). Kirchzarten: VAK

Abb. 4: Kommunikation zwischen Herz und Hirn – nach Peters, M. 64
(2014). *Gesundmacher Herz. Wie es uns steuert,*
verbindet und heilt (S. 81). Kirchzarten: VAK

Abb. 5: Gehirnaktivität bei Angst – nach Birbaumer, N. (2015). 70
Das Gehirn weiß mehr, als Du denkst (S. 133). Berlin: Ullstein

Abb. 6: Schwingungsmuster – aus 90
https://de.wikipedia.org/wiki/Datei:Interferenz_sinus.png
Zugriff am 02.10. 2015

Abb. 7: NaCL-Synthese – aus 95
https://chemiezauber.de/inhalt/basic-2-kl-8/salze-1/natrium-chlridsynthese.html
Zugriff am 23.10. 2015

Abb. 8: Ionengitter von Kochsalz – aus 96
https://chemiezauber.de/inhalt/basic-2-kl-8/salze-1/natrium-chloridsynthese.html
Zugriff am 23.10.2015

1 Einleitung

Dieses Buch soll einen Beitrag dazu leisten, die Kraft der Imagination näher zu erläutern, ihre Einflussnahme auf das komplexe System Mensch zu klären und die ihr innewohnende existentielle Wirklichkeit aufzuzeigen, um die Bedeutung von Imagination im Anwendungsfeld psychosozialer Beratung zu beleuchten. Daher richtet sich dieses Buch sowohl an Menschen, welche im psychosozialen Feld tätig sind als auch an Menschen, welche deren Dienste potentiell in Anspruch nehmen und interessierte Laien.

Die Arbeit mit inneren Bildern führt unweigerlich zu Fragen über den Menschen wie z. B. Wer oder was ist der Mensch wirklich? Ist er tatsächlich schlecht und sündig? Wer oder was genau bestimmt sein Denken, Fühlen, Handeln? Welchen Stellenwert haben Körperempfindungen? Welchen Stellenwert haben Emotionen?

Es tun sich aber auch Fragen über den Menschen hinaus auf, da Imaginationen Zugänge zu transpersonalen Ebenen öffnen, die zum Staunen, Forschen und Weiterdenken einladen. Aufgrund dieses weitgefassten Kontextes erscheint es natürlich und notwendig neben dem psychosozialen Gedankengut auch Überlegungen und Erkenntnisse anderer, vor allem naturwissenschaftlicher Disziplinen zu berücksichtigen und zu verbinden. Ganz so wie unterschiedliche Musiker ein Orchester für ein gemeinsames Konzert bilden. Es geht um den Blick auf einander ergänzende und bereichernde Sichtweisen. Der vorliegende Text lädt somit zum Denken und Fühlen in Zusammenhängen ein.

Ich selbst arbeite als psychosoziale Beraterin in freier Praxis schwerpunktmäßig mit inneren Bildern und nutze die Methode der Imagination regelmäßig für die Beantwortung eigener Fragestellungen. Hierbei verbindet sich das Berufliche mit dem Persönlichen. Imaginationsarbeit erweist sich als wertvoller praktischer Weg zur Persönlichkeitsentwicklung, zur Orientierung für die eigene Lebensphilosophie und Geisteshaltung.

Es gibt verschiedene Methoden von Imaginationen, manchmal mit ineinanderfließenden Übergängen. Daher möchte ich meine Wertschätzung für alle Formen der Imagination betonen, da *alle* wichtige Einsichten ermöglichen können. Meiner inneren Haltung entsprechend bin ich jeder Form von Imagination im Sinne von Bereicherung und Ergänzung aufgeschlossen.

So spiegelt auch meine praktische Imaginationsarbeit die Metapher des Orchesters wider: Ursprünglich der Methode der Wertimagination nach Böschemeyer erwachsen, verbinde ich schulenübergreifendes Wissen über Imagination mit Kenntnissen des systemischen Ansatzes und der Theorie komplexer Systeme. Ebenso finden naturwissenschaftliche Forschungsergebnisse wie die Grundgedanken der Leibphilosophie Berücksichtigung. Ich verstehe meinen interdisziplinären, prozessorientierten Beratungsansatz mit phänomenologischer und dialogischer Vorgehensweise daher als Integrative Imagination.

Der Imaginationsprozess beinhaltet oftmals wertvolle Momente des Schweigens, die sich beim Lesen schwer nachvollziehen lassen. Manchmal habe ich in der Darstellung der Fallbeispiele versucht, diese mit Punktationen anzudeuten. Zum Schutze der Klienten und Klientinnen habe ich anonymisierende Veränderungen und Kürzungen ihrer Imaginationen dort vorgenommen, wo dies im Sinne des Inhaltes zulässig war. Jeder Imagination folgt grundsätzlich ein ausführliches Nachgespräch mit Fokus auf eine phänomenologische Betrachtungsweise und möglichst geringem Interpretationsgehalt. Die angeführten Fallbeispiele liefern teilweise über den Kontext hinausreichende Informationen, auf welche nicht weiter eingegangen werden kann.

Nach dieser Einleitung erläutere ich im zweiten Kapitel die Entwicklung und Definition psychosozialer Beratung. Das dritte Kapitel befasst sich mit der

Entwicklung, Definition, Indikation und Kontraindikation sowie Bedeutung von Imagination. Es enthält auch eine Erläuterung der Methode der Wertimagination, um Imaginationsabläufe begreifbar und Fallbeispiele nachvollziehbar zu machen. Aufgrund der darauf folgenden unterschiedlichen, nämlich interdisziplinären, Betrachtungsebene rate ich nach diesem Kapitel zu einer kleinen Lesepause.

Das vierte Kapitel setzt sich mit mentalen Wachstumsvorgängen vor dem Hintergrund der Theorie komplexer Systeme auseinander und integriert neurologische, medizinische, zell- und chronobiologische Erkenntnisse. Im letzten fünften Kapitel geht es um das Veränderungspotential im Menschen mit Beleuchtung des Forschungsgebietes der Epigenetik, der Entstehung von Aggression und Gewalt, der Potentialentfaltung sowie der wirksamen, immateriellen Größen im Menschen.

Aufgrund von Introspektion, Beobachtung und Theorie formuliere ich die Annahme, dass in jeder Dunkelheit (emotionales Belastungsmaterial) auch Licht (innere Ressourcen in Form von humanen Werten wie Freiheit, Verbundenheit, Zugehörigkeit, Vertrauen, Geborgenheit, Liebe, Hoffnung, Wertschätzung, u. v. m.) ist.

Des Öfteren ist in diesem Buch von Bewusstsein die Rede. Da unterschiedliche Auffassungen über die wissenschaftliche Definition von Bewusstsein bestehen, möchte ich anführen, dass der Begriff „Bewusstsein" als Oberbegriff für bewusste und unbewusste Wahrnehmung Verwendung findet.

In der Literatur existieren bereits Bezeichnungen wie z. B. Bewusstseinsmedizin, Energiemedizin, Seelen-Medizin, Medizin der Emotionen. Ich hoffe, dass die in diesem Buch dargelegte Theorie und durch Fallbeispiele ergänzte Praxis das „Bewusstsein für die Kraft unseres Bewusstseins" weiter schärft und zu steter wissenschaftlicher, interdisziplinärer Auseinandersetzung ermutigt.

Daher würde es mich sehr freuen, wenn all die hier zusammengefassten und schlussgefolgerten Überlegungen Inspiration und Anregung für weitere Diskussionen und Forschungsarbeit liefern.

Ergänzend möchte ich klarstellen, dass die abwechselnd gewählte männliche bzw. weibliche Form jeweils pars pro toto steht, je nach Kontext wechselt und keine Bewertung des jeweils anderen Geschlechts darstellt.

Viel Freude beim Lesen!

Elke Leithner-Steiner
6213 Pertisau am Achensee 36 e, Österreich
Mail: elke@leithner.info
www.elkeleithnersteiner.info

Pertisau am Achensee, Dezember 2016

2 Äußere Welt – Beratung

Was ist mit psychosozialer Beratung gemeint? Nachfolgend gebe ich zum Verständnis und zur Verdeutlichung des psychosozialen Kontextes einen kurzen Überblick über die Entwicklung der Nachfrage von psychosozialer Beratung sowie ihrer Bedeutung und weise auf die Unterscheidung von Psychotherapie und Beratung hin.

2.1 Entwicklung von psychosozialer Beratung

Seit dem 19. Jhdt. ist unsere Kultur mit dem ständigen Verlust von Selbstverständlichkeiten hinsichtlich gesellschaftlicher Normen und der damit einher gehenden Vergrößerung des persönlichen Gestaltungsraumes konfrontiert. Als Beispiele führt Reichel (2005) an, dass es keine Klarheit mehr gibt, wie Partnerschaft gelebt und Kinder erzogen werden, was Gerechtigkeit bedeutet oder welche Arbeitshaltung für gut befunden wird. Dies führt einerseits zu einer gewissen Befreiung andererseits oftmals auch zu fehlenden Orientierungen und Unsicherheiten. Frankl (2005) spricht von einem existentiellen Vakuum, indem er sagt: „Im Gegensatz zum Tier sagt dem Menschen kein Instinkt, was er *muss*, und im Gegensatz zum Menschen in früheren Zeiten sagt ihm keine Tradition mehr, was er *soll* – und nun scheint er nicht mehr recht zu wissen, was er eigentlich *will*...." (S. 13).

Die Menschen sind mehr als bisher zu eigenständigem Denken und Handeln herausgefordert und müssen selbst Entscheidungen treffen. Aufgrund der Komplexität der nunmehr vorhandenen Möglichkeiten gibt auch die Sprache als Verständigungsmittel weniger denn je Stabilität und Sicherheit, da klare Definitionen immer weniger von Autoritäten und Lexika festgelegt werden. Der Kommunikationsbedarf zur Alltagsbewältigung ist enorm gestiegen, wobei es aufgrund der fehlenden Eindeutigkeit sprachlicher Begriffe immer schwieriger geworden ist, miteinander zu reden.

Hinzu kommt des Menschen Bedürfnis nach Erlebnis. Schulze (2005) spricht von einer Erlebnisgesellschaft: Weg von außenorientierter Zweckerfüllung (Kauf von einem Pullover, um es warm zu haben), hin zu innenorientierter Motivation (Kauf des fünften Pullovers, um sich attraktiv und glücklich zu fühlen). Die bisherige Frage „Wie kann ich überleben?" ist abgelöst durch die zentrale Frage „Wie kann ich glücklich, sinnvoll leben?" Menschen einer Erlebnisgesellschaft definieren ihre Zugehörigkeiten und Gemeinsamkeiten aufgrund subjektiver Erlebnisgehalte und nicht mehr über klassische Bevölkerungsschichten. Allerdings birgt die erlebnisorientierte Ausrichtung die Gefahr der Abstumpfung durch Routine (das ewig Neue wird irgendwann normal), was wiederum großes Enttäuschungspotential hat (gesteigerte Sehnsucht nach mehr, besser, schneller, ...) und Gefühle von Leere, Sinnlosigkeit oder diffusen Ängsten hervorrufen kann. Wahlmöglichkeiten bedeuten vordergründig Freiheiten, führen aber auch zu Unsicherheiten und Labilität.

Auf diese Ausführungen gründet Reichel (2005) seinen möglichen Erklärungsversuch für den steigenden Bedarf an professioneller Unterstützung hinsichtlich der Bewältigung des alltäglichen Lebens.

Das führt mich gedanklich weiter zu Viktor Frankl, dem Begründer der Logotherapie und Existenzanalyse, welcher den Menschen als freies *und* verantwortliches Wesen sieht – vor allem frei *zum* Verantwortlichsein, *zum* Stellung beziehen. Im Möglichkeitsraum der Wahlfreiheiten kann es aber immer auch zu Irrtümern und Fehlverhalten kommen, was oftmals zu einer Scheu vor Eigenverantwortung führt.

Das Ziel ist jedoch gelebte Eigenverantwortung, da Leben ohne Verantwortung zwar *erlebtes* (quasi ungelebtes) Leben aber nicht *gelebtes* Leben ist (Riemeyer, 2007). „Eigenverantwortung ist die Antwort, die Leben heißt und die uns im 21. Jahrhundert begleiten wird" (Keil zit. nach Riemeyer, 2007, S. 280). Aufgrund des wachsenden Unbehagens, scheinen das immer mehr Menschen auch zu spüren. Bedingt durch die nun zahlreich vorhandenen

Wahlmöglichkeiten drängen sich Fragen auf wie „Was will ich wirklich? Wer will ich überhaupt sein?".

Der Beratungsmarkt insgesamt, sowohl in Bezug auf die Sachebene (Unternehmensberatung) als auch auf die Beziehungsebene (psychosoziale Beratung) zählt zu den dynamischsten Wachstumsbranchen der Welt und ist mittlerweile ein wesentlicher Bestandteil des geschäftlichen und persönlichen Lebens (Kauffeld, Jonas & Schneider, 2009).

2.2 Definition von psychosozialer Beratung

Reichel (2005) führt psychosoziale Beratung im weiten Sinn als „Oberbegriff für verschiedene professionell ausgeübte ... Tätigkeiten, in denen Beratung ... stattfindet" (S. 19), an. Zu diesen Tätigkeiten zählen neben Supervision, Coaching, Organisationsentwicklung u. a. auch Psychotherapie und Lebensberatung. Im Rahmen dieser Tätigkeiten arbeiten „BeraterInnen mit anderen Menschen (KlientInnen) an komplexen Themen und Problemen ..., die den Menschen in seinem Denken, Fühlen und Handeln als Mitmensch betreffen" (S. 19).

Die Frage nach der Unterscheidung von Therapie und Beratung wird in der Literatur kontrovers diskutiert. Es gibt Positionen, die vertreten, dass es sich um unterschiedliche Begriffe handelt, die dasselbe meinen. Es gibt auch Positionen, die von unterschiedlichen Konzepten sprechen, die sich eindeutig voneinander abgrenzen lassen. Andere Positionen sehen in Psychotherapie eine Teilmenge von Beratung oder umgekehrt oder sprechen von überlappenden Konzepten. Einige Autoren und Therapieforscher verwenden beide Begriffe synonym. Andere Autoren wiederum bevorzugen für beide Begriffe jenen der Beratung, weil dieser niederschwelliger scheint und keine Assoziation mit Störung oder Krankheit hervorruft (Grolimund, 2014).

Die Abgrenzung zwischen „gesund" und „krank" ist jedenfalls hilfreich in der Unterscheidung zwischen Psychotherapie und Beratung, wobei bei näherer

Betrachtung die Definition von „gesund" und „krank" nicht eindeutig ist, da Gesundheit und Krankheit sozial mitdefiniert werden. Grundsätzlich bedürfen Menschen mit krankheitswerten Störungen eher einer Beratung mit Behandlungscharakter und profitieren von medizinischen Netzwerken, weshalb die Tätigkeit der Psychotherapie in diesen Fällen zu empfehlen ist (Reichel, 2005). Gemeinsam ist Psychotherapie und Beratung, dass sie „ ... die problematisch gewordene Psyche zum Gegenstand hilfreicher Kommunikation [machen]" (Großmaß zit. nach Reichel, 2005, S. 67). Plassmann (2011) betont vor allem den Prozess von Therapie und Beratung an sich und schlussfolgert, dass Therapie dem Heilen und Beratung dem Lernen dient. Er ist überzeugt, dass „der kreative Prozess des Heilens und des Lernens im Kern derselbe ist, ..." (S. 239).

Schiersmann und Thiel (2009) sprechen von Beratung als „‚Hilfe zur Selbsthilfe'" oder als „Förderung der Selbstorganisation" (S. 73). Auch diese Autoren unterscheiden nachfolgend zwischen Psychotherapie und Beratung ähnlich wie Reichel (2005):

> In der Beratung geht es um Anliegen/Themen/Probleme von ... Menschen mit ausreichenden Fähigkeiten zur Selbststeuerung. Am ehesten lässt sich eine Differenz hinsichtlich der Störungstiefe ausmachen, d. h. dass Menschen, die in eine Beratung kommen, prinzipiell im Alltag handlungsfähig sind und ‚nur' in Bezug auf einen bestimmten Aspekt oder ein Thema Unterstützung nachfragen, während eine Therapie bei einer umfassenderen Störung angezeigt wäre. (S. 76)

Ich lege den Fokus auf die Definition von Reichel, was es erlaubt, das Feld der Psychotherapie und Beratung gleichermaßen anzusprechen. Daher werden diese Begriffe wie auch die Begriffe Therapeut/in, Berater/in oder Patient/in und Klient/in synonym verwendet.

3 Innere Welt – Imagination

Dieses Kapitel befasst sich mit der Definition, Entwicklungsgeschichte und Wirkweise imaginativer Methoden. Es wird ihr hilfreicher Einsatz erläutert bzw. auf Gefahren und Kontraindikationen hingewiesen. Meine eigene praktische Imaginationsarbeit, die ich als Integrative Imagination bezeichne, beruht zum Teil auf dem Gedankengut der Methode der Wertimagination, weshalb ich diese zum Verständnis möglicher Imaginationsabläufe sowie der erwähnten Fallbeispiele gesondert vorstelle.

3.1 Definition

Das Wort „Imagination" entstammt dem lateinischen Begriff „imago" und bedeutet ursprünglich „Bild, Abbild, Vorstellung". Im deutschsprachigen Raum findet vorwiegend der Begriff „Vorstellung" Verwendung, was mit dem englischen Ausdruck „imagery" gleichzusetzen ist (Kirn, Echelmeyer & Engberding, 2015).

Imagination ist eine Denk- und Vorstellungsleistung. Es handelt sich dabei um eine kognitive Funktion im bewussten, wachen Zustand. Es geht also um ein bewusstes Wahrnehmen innerer Bilder mit charakteristischer affektiver Einfärbung (Signer-Brandau, 1986). Das heißt, im Gegensatz zu den nächtlichen Träumen ist sich der imaginierende Klient seiner selbst und all dessen, was er in der Imagination erlebt, bewusst. Somit ist es ihm möglich, bewusst Einfluss zu nehmen auf das, was ihm begegnet und sich aktiv damit auseinanderzusetzen. Wobei die inneren Bilder nicht eingebildet werden, sondern auf sich unwillentlich ausbildende Symbole gewartet wird (Böschemeyer, 2004, 2005). Diese inneren Bilder „sind ‚die Gesichter' der Gefühle und Gefühlskräfte und daher die *Brücke* zwischen der unbewussten und der bewussten Welt" (Böschemeyer, 2004, S. 241). Schmid (2010) formuliert es so: "Vorstellung unterscheidet sich von den übrigen Kognitionen oder bewussten Wahrnehmungen dadurch, dass sie weniger mit willentlichen oder unterscheidenden Denkfunktionen, sondern mehr mit introspektiver Wahrnehmung des Bewusstseins ... zusammenhängt" (S. 25). Bahrke und Nohr (2013) beschreiben Imaginationen als innere Wahrnehmungen, die ganzheitliche Erlebniszustände aktivieren und symbolisch aufgeladen sein können. Diese Bilder der inneren Welt sind die „Muttersprache der Seele" (Fromm zit. nach Böschemeyer, 2005, S. 13) oder wie Lazarus (2006, S. 6) erwähnt, „das Auge der Seele". Für Seithe (1997) ist Imagination die Projektion intrapsychischen Geschehens mit bildhaft symbolischem Ausdruck.

Ähnlich sprechen Dorst und Vogel (2014) davon, dass das Hervorbringen unbestimmter innerer Bilder und Sinneswahrnehmungen Tiefenschichten der Seele symbolhaft zugänglich macht. Wilke (1997) merkt an, dass Imaginationen innere Vorstellungen sind, die eine gewisse Tiefe erreichen, große psychische Kraft – sowohl konstruktiv als auch destruktiv – besitzen und in weitem Ausmaß unser Fühlen und Handeln bestimmen. Für Shorr (1986) ist die Imagination ein Weg, Gedanken, Wünsche, Erwartungen und Gefühle effektiv zu reaktivieren und neu zu erfahren. Schmid (2010) definiert Imagination als Quelle innerer Informationen – wobei innere Informationen gleich dem Begriff Qualia in den Bewusstseinswissenschaften sind: alle inneren Eindrücke, Erinnerungen, Wahrnehmungen, Erlebnisse, Reflexe etc. – und versteht mentale Bilder als „die eigentliche Verkörperung des Unbewussten" (S. 15). Für Achterberg (1987) sind diese inneren Bilder das vornehmliche Hilfsmittel im Heilungsprozess.

Ebenso sieht Reddemann (2001, 2013) in der Imagination ein Hilfsmittel, das die Verbindung zum Heilsamen in uns herstellt. Es gilt, die eigene Schöpferkraft zu nutzen und sich entfalten zu lassen. Da jeder Mensch über Vorstellungskraft verfügt, hat er auch die Fähigkeit zu imaginieren.

Kast (2012) definiert Imagination als Tätigkeit unserer Vorstellungskraft, Einbildungskraft, von Phantasie und Tagträumen. Sie spricht von „natürlicher Fähigkeit des Menschen" (S. 10).

Da Wörter wie Imagination, Vorstellung, Vorstellungskraft, Einbildungskraft, Phantasie, Tagträume, innere Bilder, mentale Bilder, Erinnerungen alle in den Bereich des Imaginativen weisen, verwende ich sie synonym, sofern keine Differenzierung notwendig erscheint.

3.2 Entwicklung

Seit jeher bedienten sich die Menschen der Imagination als schöpferische Quelle für Inspiration, Kreativität, Erkenntnisgewinn oder Selbstkontrolle.

Singer (1978) merkt mit Verweis auf die berühmten Höhlenmalereien von Lascaux an, dass bereits Menschen der Frühgeschichte ein Wissen um diese innere Kraft besaßen, die es ermöglicht, anhand von inneren Bildern Raum und Zeit zu entfliehen, indem diese im Außen jederzeit z. B. als Malereien sichtbar gemacht werden können. Von der Vorstellungskraft als zum Menschen gehörig wurde immer schon berichtet. So z.B. von Sokrates, der mit seinem Daimonion sprach, von den Mystikern, deren Texte wir heute als Imaginationen bezeichnen würden, von Goethe, welcher einen inneren Strom der Bilder beschrieb (Kast, 2012) oder von Kant, welcher von einem Grundvermögen der menschlichen Seele spricht (Bahrke & Nohr, 2013). Auch im fernöstlichen Leben gehören Imaginationen seit jeher zur alltäglichen Lebenspraxis, etwa im tibetanischen Buddhismus, wo man sich für eine gewisse Zeit von der Außenwelt abwendet, um seine Sinne nach innen zu lenken, um andere Bewusstseinsebenen zu erfahren (Lorenz, 1996).

Imaginationen sind heutzutage in allen Therapierichtungen integrativer Bestandteil, wobei sie mehr oder weniger bewusst eingesetzt werden. Jede Therapieform, die sich mit Erinnerungen, Erwartungen, Befürchtungen und

Hoffnungen befasst, nutzt notwendigerweise die imaginativen Fähigkeiten des Menschen (Kast, 2012).

Der therapeutische Einsatz von Imaginationen ist historisch bekannt, u. a. aus Heilmethoden des Schamanismus, der antiken Heilkunst hin zu mittelalterlichen Heilungsritualen wie etwa den Geistlichen Übungen (Exerzitien) eines Ignatius von Loyola im 16. Jahrhundert (Vogel, 2014). So wie auch den Vorvätern der abendländischen Medizin Äskulap, Aristoteles, Hippokrates, Galen oder Paracelsus der Einfluss von Imagination auf die Gesundheit bewusst war (Achterberg, 1987). „Der Mensch besitzt eine sichtbare und eine unsichtbare Werkstatt. Die sichtbare, das ist sein Körper, die unsichtbare, das ist seine Imagination (Geist)..." (Paracelsus zit. nach Achterberg, 1987, S. 99).

Auch Sigmund Freud nutzte das Erleben innerer Bilder. Nachdem er anfangs mit einer imaginativen Assoziations-Methode arbeitete, konzentrierte er sich später auf freie Assoziationen (Böschemeyer, 2005).

Im Zuge einer persönlichen Krise setzte sich C.G. Jung mit seinem eigenen Unbewussten auseinander und erkannte, dass Imaginationen therapeutisch wirksam sind. Die „Aktive Imagination" verstand er als die wichtigste Form der Auseinandersetzung zwischen dem Bewussten und Unbewussten (Kast, 2012). Jung bezeichnete Imaginationen mit den damit einhergehenden Emotionen als den „Urstoff für ein Lebenswerk" (Jung zit. nach Kast, 2012, S. 29). Für Singer (1978) stellt die *Jung*sche Methode die Basis für Imagination als Methode der Psychotherapie dar.

In den 1930er Jahren entwickelte Robert Desoille die Imaginationstechnik des „gelenkten Wachtraums" und in den 1950er Jahren Hanscarl Leuner das katathyme Bilderleben (Böschemeyer, 2005), auch Symboldrama genannt (Bahrke & Nohr, 2013). Des Weiteren sind in der Hypnotherapie nach Milton Erickson, der Gestalttherapie nach Fritz Perls sowie der Psychosynthese nach Assagioli viele ihrer Methoden imaginativer bzw. vorzugsweise imaginativer Art. Auch in der kognitiven Verhaltenstherapie und der modernen Traumatherapie kommen imaginative Methoden zum Einsatz (u. a. Kirn et al., 2015; Peter, 2009; Reddemann & Stasing, 2013; Schmucker & Köster, 2014; Shapiro, 1999). Da diese Methoden zahlreich und vielfältig sind, lassen sie sich auf den ersten Blick nicht mit Hilfe einer einheitlichen Systematisierung ordnen. Auch erscheinen manche in leichter Abwandlung an anderer Stelle unter anderem Namen oder einzelne Methoden werden miteinander kombiniert (Kirn et al., 2015).

Für eine ausführliche Darstellung der Entwicklung der Imagination und imaginativer Techniken in der Psychotherapie sei auf Singer (1978) und Singer und Pope (1986) hingewiesen.

In der Fachliteratur findet sich eine allgemein unklare Verwendung und ein unterschiedliches Darstellungsniveau der Begriffe „Verfahren", „Methode", „Technik" (z.B. Charakterisierung von Vorgehensprinzipien, Darstellung methodischer Bausteine, Schilderung von Einzeltechniken). Ich spreche hier von Imagination als Methode, welche wiederum unterschiedliche imaginative Techniken beinhaltet.

3.3 Wirkweise und Indikation

Erlebnisse und Ereignisse sind in unserem Gehirn in Form von Bildern und Gedanken gespeichert. Ebenso sind Worte, Werte, Einstellungen, Überzeugungen voll von Bildern, die unser Handeln bestimmen. Das Auffinden dieser Bilder ist wesentlich (Lazarus, 2006).

Auf die Wirksamkeit imaginativer Methoden im Therapiefeld konnte in zahlreichen Untersuchungen für eine Vielzahl von Störungsbereichen wie z.B. Angst, sexuelle Funktionsstörungen, Essprobleme, affektive Störungen, posttraumatische Belastungsstörungen, soziale Ängste, Schmerz, Sprech- und Sprachstörungen, Krebserkrankung, exzessives Grübeln, Probleme bei der Emotionsregulation hingewiesen werden (Kirn et al., 2015). Zudem bekräftigen auch Forschungsergebnisse die Annahme, dass Vorstellungen und Gedanken als wichtige Bindeglieder zwischen Stimulus und Reaktion fungieren, so dass vorgestellte Ereignisse und tatsächliche Ereignisse gleichermaßen das Verhalten steuern und beeinflussen. Denn auch wenn Inhalte von Vorstellungen nicht objektiv gegenwärtig sind, können sie subjektiv so lebendig sein, als wären die stimulierenden Reize tatsächlich vorhanden (Kirn et al., 2015). Mit Verweis auf Meichenbaum (1999) führen die Autoren folgende Merkmale für die spezifische Wirkweise von Imaginationen an:

- Erlangung von Kontrollerleben, indem die Klienten sich schulen, Inhalt und Verlauf von Vorstellungen zu lenken und in vivo umzusetzen.
- Veränderung des inneren Dialoges, da es durch die Imaginationen zu neuen Erkenntnissen im problemrelevanten Bezug und zum Aufbau neuer Sichtweisen kommt.
- Mentales Einüben neuer Verhaltensweisen, weil die alternativen Handlungsmöglichkeiten in der Vorstellung zur Entwicklung und Festigung gewünschter Bewältigungsstrategien verhelfen.

Laut Kast (2012) nutzt die Arbeit mit imaginativen Fähigkeiten jedenfalls die Möglichkeit der Reorganisation des Selbstbildes und Weltbildes. Dadurch wird auch bewusst gemacht, dass die Bilder in uns, die wir uns von uns und der Welt machen, für unsere Lebensbewältigung hilfreich oder hinderlich sind. Bahrke und Nohr (2013) sprechen in diesem Zusammenhang von der Ausdrucks- und Klärungsfunktion der Imaginationsarbeit.

Außerdem ist es wichtig, dass Emotionen tatsächlich erlebt werden, wodurch Energien zum Handeln freigesetzt werden und der Kontakt zu sich selbst erlebbar wird (Kast, 2012). Wenn es also darum geht, das Erleben mit hoher Emotionsdichte zu gestalten und es entsprechend zu steuern – was

Bahrke und Nohr (2013) als Verlebendigungsfunktion der Imaginationsarbeit bezeichnen – dann ist imaginative Arbeit dem alleinigen Gespräch überlegen. Denn die Arbeit mit visuellen Vorstellungen beeinflusst die Stimmung deutlich mehr als reine verbalkognitive Verarbeitung (Kirn et al., 2015). Alle imaginativen Methoden befassen sich auch mit Bildern, die mit negativem Affekterleben verknüpft sind, um sie durch wohltuendere Bilder zu ersetzen (Kretschmar & Tzschaschel, 2014).

Reddemann und Stasing (2013) betrachten die Nutzung von Imaginationen als besonders ressourcenvoll, ressourcenaktivierend und befruchtend für salutogenetische Erwartungen im Sinne Antonovskys (1997). Imaginative Arbeit macht es auch möglich, Selbstfürsorge zu initiieren und Prozesse der Konflikt- und Angstbewältigung schonend vorzubereiten. Diese Aspekte fassen Bahrke und Nohr (2013) als Stabilisierungsfunktion der Imaginationsarbeit zusammen.

Imaginationen eignen sich auch zur Bearbeitung von Nachtträumen und Albträumen, indem sie aufgegriffen und als innere Bilder weiterbearbeitet werden. Durch die Entwicklung des imaginativen Geschehens ergibt sich oft ein vertieftes Verständnis für die Traumbildfolge (Bahrke & Nohr, 2013; Böschemeyer, 2005; Kast, 2012).

Fallbeispiel

Eine Frau, Mitte Dreißig, empfindet derzeit viel Unwohlsein und Sinnlosigkeit in ihrem Leben. Sie hat das Gefühl, auf der Stelle zu treten, unproduktiv und nutzlos zu sein. Ihr Erzählen ist von Tränen begleitet. Nach ihrem Körperempfinden gefragt, nimmt sie eine Enge in der Brust und ihre Beine als schwer wahr. Ich wähle als Einstiegsbild eine beliebige Landschaft:

Ich sehe eine große, saftige Wiese aus der Vogelperspektive. Es ist eine schöne Wiese, einige Blumen, friedliche Atmosphäre. Ein wirklich feiner Platz. Dieser Anblick tut gut... Ich bemerke ein kleines Mädchen. Sie liegt rücklings inmitten der Wiese. Ihre Hände hat sie hinter ihr Kopfhaupt gelegt, ihre Augen sind geschlossen. Ganz entspannt liegt sie da. Ich nehme mir viel Zeit, dieses Mädchen einfach nur anzuschauen, zu betrachten... Sie mag ca. 5 Jahre alt sein. Ihre Mundwinkel lächeln. Sie strahlt viel Fröhlichkeit aus. Ein richtig sympathisches, kleines Mädchen! Da ist viel Lebensfreude, auch Neugier und Abenteuerlust in ihr. Ihr Herz ist groß und kraftvoll. Obwohl das Kind so viel Positives hat, muss ich nun weinen. Ihr Anblick rührt mich zutiefst. Ja, er macht mich traurig – weil ich auch gerne so sein würde.... so unbekümmert, unbeschwert, voller Frohsinn... Ich lege mich eng neben sie auf die Wiese. Sie streckt eine Hand aus und legt sie mir auf den Kopf. Lange Zeit liegen wir so da, und ich werde immer ruhiger. Die Berührung ihrer Hand schenkt mir diese Ruhe, die mich nun immer zufriedener macht. Ich öffne mich ganz für diese Berührung und lasse die wohltuende Energie vom Kopf in meinen ganzen Körper fließen... Irgendwann setzen wir uns beide auf, und ich umarme dieses Mädchen. Mir ist nun klar geworden, dass ich selber das Mädchen bin. Ich drücke sie fest an mich und erlaube ihr, mit mir eins zu werden. Mit diesem Kind nun in mir durchströmt mich ein kraftvolles Gefühl, wie ein Energieschub. Der Gedanke taucht auf: „Ich kann das schaffen!"...

Das Innere Kind zeigte sich in dieser Imagination selbsttätig als Unverletztes Inneres Kind und somit als Ressource. Die emotionale Erfahrung und Bewusstmachung dieser Ressource half der Klientin zur Stabilisierung und Aktivierung von Lebensenergie. Diese nutzte sie, um im weiteren Beratungsprozess hilfreiche Lebensveränderungen vorzunehmen.

3.4 Gefahren und Kontraindikation

Einen guten Überblick über diese Thematik geben Kirn et al. (2015), weshalb ich mich nachfolgend vorwiegend auf ihre Ausführungen beziehe. Die Autoren weisen darauf hin, dass ihnen keine empirische Studie bekannt ist, die sich befriedigend mit der Thematik der Kontraindikationen hinsichtlich der

Anwendung imaginativer Methoden befasst. Ihre Aussagen gründen sie auf theoretische Annahmen wie kollegialen Austausch.

Unabhängig davon warnen Kirn et al. (2015) vor einem leichtfertigen Gebrauch von Imaginationen, da es auch zu einer Stabilisierung und Verschärfung von Problemen kommen kann und verweisen auf die Sorgfaltspflicht der Therapeutin. Ebenso zu bedenken ist auch die Bereitschaft der Patientin, aktiv mitzuarbeiten und sich auf die inneren Bilder und Prozesse einzulassen. Fehlt diese, ist imaginatives Vorgehen nicht indiziert. Von zentraler Bedeutung ist auch eine gute Therapeutin-Patientin-Beziehung, welche erst einen hilfreichen Zugang zu imaginativen Prozessen ermöglicht. Eine Gefahr orten die Autoren auch darin, dass die Therapeutin verwegene Überinterpretationen der inneren Bilder vornimmt oder sie zu überirdischen Botschaften werden lässt, ohne zu beachten, dass imaginative Inhalte das Ergebnis psychophysischer Wechselwirkungsprozesse sind.

Hinsichtlich Kontraindikation besteht in der Fachwelt kein Konsens und es werden durchaus konträre Positionen bezogen. Die einzige Übereinstimmung ergibt sich aus dem Fokus auf immer dieselben Störungsbilder und Schwierigkeiten. Nach dem jetzigen Diskussionsstand geht der Grad der Kontraindikation bei einigen Störungsbildern mit dem Schweregrad der Symptomatik einher. Die Autoren zählen dazu z. B. starke Angst vor Kontrollverlust, hypochondrisch-ängstliche Selbstwahrnehmung, ausgeprägte histrionische Reaktionsformen oder Intelligenzminderung. Bei schweren Verhaltensstörungen wie ausgeprägten Zwängen, massiven Angstzuständen und schweren Depressionen sind Imaginationen erst nach dem Erlangen eines angemessenen Realitätsbezuges empfohlen. Ebenso wird imaginative Arbeit bei Substanzmissbrauch und –abhängigkeit anfänglich als wenig aussichtsreich eingestuft. Erst nach Entzug und in der Rückfallprophylaxe ist Imaginationsarbeit sinnvoll. Aufgrund der Gefahr von affektivem Kontrollverlust sind imaginative Techniken bei Borderline-Typen kontraindiziert. Bei posttraumatischen Belastungsstörungen, Psychosen und dissoziativen

Störungen wird zu großer Vorsicht geraten, jedoch ebenso angemerkt, dass verschiedene Autoren seit Jahren auch über positive Erfahrungen und Erfolge mit imaginativer und hypnotherapeutischer Arbeit berichten (Kirn et al., 2015).

Bei Menschen mit Realitätsflucht ist zwar Wachsamkeit angezeigt, dennoch kann imaginative Arbeit hilfreich sein, ihre Traumwelten mit der Realität zu verknüpfen (Signer-Brandau, 1986). Ebenso kann sich bei Menschen mit stark intellektualisierender Abwehr, die also bereits alles „wissen" und viel gelesen haben, Imaginationsarbeit als schwierig gestalten, weil sie ihr verletztes Gefühlserleben besonders schützen müssen. Andererseits lädt der imaginative Raum als geschützter Raum solche Klienten auch wiederum ein, mehr Affektnähe zuzulassen und erweist sich letztlich als Hilfestellung (Bahrke & Nohr, 2013).

3.5 Die Methode der Wertimagination

Diese Imaginationsarbeit nach Böschemeyer (2005) wurde um 1990 entwickelt und ist eine Weiterentwicklung der Logotherapie von Viktor Frankl mit dem Ansinnen, die Logotherapie hinsichtlich zu viel Rationalität und zu wenig Emotionalität zu korrigieren. Sie stellt das Zentrum der von Böschemeyer konzipierten „Wertorientierten Persönlichkeitsbildung" dar, deren Ziel neben der Weiterbildung der Persönlichkeit die Prävention körperlicher und seelischer Störungen ist (Riemeyer, 2007).

3.5.1 Anthropologie

Die Methode der Wertimagination ist getragen vom logotherapeutischen Menschenbild, welches im unbewussten Bereich des Menschen das geistig Unbewusste betont.

Böschemeyer (2005) definiert das Unbewusste als jenen seelischen Bereich, der sich der bewussten Ebene und rationaler Logik verschließt. Es zeigt sich annähernd z. B. in Gedankenblitzen, Einfällen, Ahnungen, Visionen, Stimmungen, Erinnerungen, Träumen, Imaginationen. Die Sprache des Unbewussten ist eine Bildersprache. Wertimaginationen sind bewusst geführte Gespräche über zeitgleich erlebte bildhafte „Wanderungen" zum unbewussten Geist und betonen die geistige Dimension des Menschen. Unbewusster Geist bedeutet unbewusste Freiheit, unbewusster Mut, unbewusste Hoffnung, unbewusstes Wertgefühl, unbewusster Sinn, Intuition, Verantwortlichkeit, das Ästhetische, das Künstlerische etc. Unbewusster Geist ist *die* lebensbestimmende, schöpferische, sinnstiftende, gestaltende Kraft im Menschen. Gelingt es ihm, Zugang zu dieser ihm innewohnenden Kraft zu finden, findet er die ihm entsprechenden Werte und Sinn. „Der unbewusste Geist ist für Frankl die Basis des bewussten Geistes ... Er ist die Basis menschlichen Daseins überhaupt .... Er ist die ‚Mitte der Seele'. Er ist zugleich der Grund, die Mitte und das Ziel der Wertimagination" (S. 41).

3.5.2 Merkmale und Methodik

Auch wenn wertimaginative Arbeit primär die Entbindung spezifisch humaner Werte, sprich innerer Ressourcen, im Blick hat, bezieht sie auch die Arbeit an Widerständen und Abwehrmechanismen mit ein, indem sie sich der Hilfe innerer sinnstiftender Gestalten, sogenannter Wertgestalten, bedient. Diese sind personifizierte Aspekte des unbewussten Geistes, werden bewusst intendiert oder zeigen sich von selbst, und ermöglichen einen intensiven kognitiven, emotionalen und energetischen Zugang an den Wert, den sie symbolisieren. Wertgestalten und die Beziehung der Imaginierenden zu ihnen sind von zentraler Bedeutung, da sie über diagnostische, therapeutische und persönlichkeitsbildende Kenntnisse und Kräfte verfügen, die die Möglichkeiten des bewussten Wahrnehmungsbereiches übersteigen, weshalb den Wertgestalten auch Führungskompetenz zugesprochen wird. Sie sind Primärhilfen für innere Wandlungsprozesse. Entsprechend zeigen sich auch Aspekte der Sinn- und Lebensverweigerung in personifizierter Form (der Verzweifelte, die Wütende, der Zwanghafte, die Angstvolle, der Niedergeschlagene, die Mutlose, der Zweifelnde etc.). In Analogie zu Märchen widerspiegeln u. a. auch die polaren inneren Gestalten das innere Spannungsfeld des Menschen. Aktionismus ist bei wertimaginativer Arbeit nicht angebracht. Im Vordergrund steht die existenzielle Begegnung mit den inneren Bildern, wobei es um das absichtslose Wahrnehmen (Bilder werden nicht gemacht, sondern erwartet) und Verweilen geht sowie um die phänomenologische Erschließung ihrer Symbolgehalte. Die Beraterin berücksichtigt achtsam die Bedürfnisse der Klientin und lenkt so wenig wie möglich und so viel wie nötig. Für die Übersetzung der Bilder ins konkrete Leben ist ein wiederholtes Erinnern der emotional positiv erlebten Bilder sowie eine Nachgestaltung in Form von Malen oder Aufschreiben hilfreich. Eine Brücke von der inneren Wirklichkeit zur äußeren Realität bauen auch Transferimaginationen, wobei die Klientin imaginativ in reale Alltagssituationen geführt wird.

Nach einer Zielvereinbarung und kurzen Entspannungsphase beginnt die Wertimagination mit unterschiedlichen Einstiegsmöglichkeiten: Symbol, Satz oder Wort; Bildmetapher der Klientin („Ich fühle mich wie an den Rand gedrückt"); Nachttraumbild; Körperempfindung. Sie kann von unterschiedlicher Dauer sein und bedarf eines Nachgespräches, weil das Bewusste ein Bedürfnis nach Klärung, Verstehen, Vertiefen der gewonnenen Eindrücke hat. Wertimaginative Arbeit wird in Einzelsitzungen oder in der Gruppe durchgeführt (Böschemeyer, 2005).

3.6 Bedeutung

„Imagination gehört mehr als jede andere menschliche Eigenschaft einzig uns selbst" (Singer & Pope, 1986, S. 43) und bietet eine ungeheure Vielzahl von Möglichkeiten im Bereich der Selbsterkenntnis, Selbstkontrolle und Entwicklung (Singer und Pope, 1986). Kast (2012) spricht von der Imagination metaphorisch als einem Raum der Freiheit und der Möglichkeiten, in welchem Raum und Zeit relativiert werden. Einen „Raum zum Atmen" nennt ihn Schnell (1997), welcher Trennung und Erkennen zulässt, sodass Kreativität und die Fähigkeit, schöpferisch zu sein, wachsen können.

Für C.G. Jung sind kreative Impulse, also auch die imaginativen Impulse, Optionen, die Persönlichkeit eines Menschen zu gestalten. Im Zuge des Individuationsprozesses gilt es im Verlaufe eines Lebens immer mehr diejenigen zu werden, die wir eigentlich sind – immer authentischer, immer mehr wir selbst, immer stimmiger mit uns selbst. Der Lohn ist ein gesundes und als sinnvoll erlebtes Leben (Kast, 2012).

3.6.1 Therapeutische Bedeutung

C.G. Jung nutzte die Imagination als Zugang zu Emotionen und affektiven Stimmungen. Als Weg, Einsicht in heilende Prozesse zu erhalten. Als Möglichkeit der Regulation von Emotionen zur Vermeidung von somatischem, explosivem oder implosivem Ausdruck. Daher schätzte er deren Ausdruck in Bildern, die betrachtet, imaginativ bearbeitet, gestaltet, verstanden werden können (Kast, 2012).

3.6.1.1 Ressource – Die helfende Hand

Laut Grawe (2000) kann als Ressource jeglicher seelische Aspekt sowie die ganze Lebenssituation eines Menschen begriffen werden. Hierzu zählt er z. B. „motivationale Bereitschaften, Ziele, Wünsche, Abneigungen, Interessen, Überzeugungen, Werthaltungen, Geschmack, Einstellungen, Wissen, Bildung, Fähigkeiten, Gewohnheiten, Interaktionsstile, physische Merkmale wie Aussehen, Kraft, Ausdauer, finanzielle Möglichkeiten und das ganze Potential der zwischenmenschlichen Beziehungen eines Menschen" (S. 34).

Abhängig von der jeweiligen Betrachtungsperspektive sind oben erwähnte Merkmale entweder positiv oder negativ besetzt. Aus der Ressourcenperspektive besehen stellen sie das positive Potential eines Menschen dar, seinen Gestaltungsspielraum hinsichtlich seiner Möglichkeiten, die Quellen seines Selbstwerts. Aus der Problemperspektive besehen sind dieselben Merkmale gegenwärtige Beschränkungen seines Möglichkeitsraumes.

Reddemann und Stasing (2013) definieren Ressourcen als „alle inneren und äußeren Merkmale einer Person, die für seelische und physische Gesundheit förderlich sind oder förderlich genutzt werden können" (S. 24) einschließlich der Fähigkeit zur Imagination. Frank (2011) spricht von Ressourcen als intrapersonelle Faktoren und externe unterstützende Aspekte. Dick (2011) beschreibt sie einfach als innere und äußere Ressourcen. Er nennt die Beziehung zwischen inneren und äußeren Ressourcen einen wechselseitigen Verstärkungsprozess, indem gute intrapsychische Ressourcen längerfristig soziale und umweltbezogene Ressourcen begünstigen. Umgekehrt intensivieren gute äußere Bedingungen und gute Beziehungen oftmals intrapsychische Ressourcen.

Je mehr es gelingt, bei Patientinnen vorhandene Ressourcen zu aktivieren, sprich ihre vorhandenen Möglichkeiten aufzugreifen, mit ihnen ausreichend in Kontakt zu sein, was von positiven Emotionen begleitet ist, umso mehr werden sie sich in ihrem Selbst aufgewertet fühlen (Grawe, 2000). Wiederholtes Erleben von positiven Emotionen, insbesondere von Freude, führt zu Lebenszufriedenheit (Dick, 2011). Die Grundüberzeugung von Milton Erickson und Steve de Shazer, beide Pioniere der ressourcenorientierten Beratung, ist, dass jeder Mensch über Ressourcen verfügt (Bamberger, 2015). Nach Nestmann (2004) sind selbst in der schwerstgestörten Person, in der defizitärsten Umwelt und in den gestörtesten Mensch-Umwelt-Beziehungen förderbare Ressourcen zu finden. Allerdings sind sie dann umso schwieriger für den Klienten zugänglich, weshalb sich das Ressourcenkonzept besonders für die Prävention empfiehlt (Nußbeck, 2014).

Ressourcenaktivierung kann inhaltlich und prozessual geschehen. Inhaltlich durch das direkte Ansprechen von Ressourcen, wodurch die positiven Seiten des Patienten in den Fokus der Aufmerksamkeit gerückt werden, was, wie erwähnt, seinem positiven Selbstwertgefühl dienlich ist (Grawe, 2000). Eine ressourcenorientierte Gesprächsführung verhilft dem Klienten, aus seiner defizitfokussierten Sichtweise auszubrechen, wie folgendes Fallbeispiel aufzeigt:

Herr M: Doch, Mannschaftsfußball macht mir recht Spaß!

Defizitfokussierte Intervention: Wie oft werden Sie denn in der Mannschaft aufgestellt?

Ressourcenorientierte Intervention: Toll, was macht Ihnen dabei besonders Freude?

Ein solcherart beständig angeleiteter Perspektivenwechsel soll zudem einen positiven Rückkoppelungsprozess aktivieren, welcher einen günstigen Einfluss nimmt auf die Arbeitsbeziehung, Offenheit und Kooperation der Klienten sowie die weitere Bearbeitung problematischer Bereiche erleichtert (Flückiger & Wüsten, 2015).

Im Rahmen prozessualer Ressourcenaktivierung erfährt die Klientin die Möglichkeit, sich im Sinne ihrer Ressourcen verhalten und ihre Probleme angehen zu können. Denn zu einer Therapie oder Beratung kommt es meist nur, wenn die Klientin mit ihren Problemen nicht selber fertig geworden ist. Ihr Leiden verletzt auch ihr Bedürfnis nach Kontrolle. Die Klientin ist ratlos, hat keine Kontrolle über etwas, was für sie von Bedeutung ist, sieht sich demnach mit Kontrollverlust konfrontiert. Kontrolle auszuüben, heißt aktiv und handlungsfähig zu sein. Ressourcenaktivierung verschafft einen Zugang zu Wahrnehmungen, die das Bedürfnis nach Kontrolle erfüllen. Kurz: Die Klientin macht positive Kontrollerfahrungen (Grawe, 2000). Hierzu merkt Singer (1986) an: „Unsere Imagination kann in wesentlichen Punkten als ein Hauptfaktor der Selbstkontrolle angesehen werden. Wenn wir in imaginierten Handlungen ausprobieren, was wir in der Zukunft tun wollen, lernen wir etwas über die Möglichkeiten und Grenzen unserer Handlungsfähigkeiten"

(S 44). Verfügen Menschen über ein hohes Maß an Selbstkontrolle sind sie eindeutig weniger inneren Konflikten ausgesetzt (Bauer, 2015).

Fallbeispiel

Eine Frau, Mitte 20, fühlt sich am Arbeitsplatz bezüglich ihrer Gehaltseinstufung ungerecht behandelt. Sie möchte einerseits mit ihrem Vorgesetzten ein Gespräch führen, andererseits fühlt sie sich mutlos, kraftlos und enttäuscht. Ich ermutige sie, sich als Einstieg eine schöne Wiese vorzustellen:

Ich bin auf einer Wiese voller Sonnenblumen. Dieser Anblick freut mich, da ist viel Positives, viel Stärke. Hier fühle ich mich sicher und stabil. Jetzt sehe ich einen kleinen Kobold, flink, wendig, schlau, verschmitzt. Er stellt sich mir als „der Raffinierte" vor. Wir reichen uns die Hände, und ich lasse seine Energie in meinen Körper fließen. Ich spüre viel Mut, ein bisschen Frechheit und Charme. Der Raffinierte kommt mit mir und begleitet mich jetzt bis vor das Büro meines Vorgesetzten. Er ermutigt mich: „Geh rein, nimm es locker!" Also gehe ich hinein, nehme Platz. Der Raffinierte korrigiert meine Körperhaltung. Er zieht meine Schultern nach hinten. Er richtet auch den Rücken meines Vorgesetzten. Ich erkenne, dass er uns beide „auf Augenhöhe" setzt. Ich atme tief ein und sage, was ich sagen will. Dann schaue ich zum Raffinierten. Er lacht mich an, und ich habe das Gefühl, dass er stolz auf mich ist. Danach blicke ich auf den Vorgesetzten. Er wirkt irgendwie offen und aufrecht. Ich höre ihn sagen: „Passt, ich werde mich dafür einsetzen." Ich bedanke und verabschiede mich. Mit einem tiefen Gefühl der Erleichterung und Befreiung verlasse ich den Raum.

Gestärkt durch die (Wert)Gestalt des „Raffinierten" als Ressource machte die Klientin eine positive Kontrollerfahrung. Diese gab ihr Zuversicht für die Umsetzung in die reale Situation, was ihr kurze Zeit später auch gelang.

Ressourcenaktivierung ist laut Grawe (2000) auch zur Induktion positiver Erwartungen bestens geeignet. „Erwartungen sind Gesamteinschätzungen der Situation. Wenn diese Gesamteinschätzung eine Annäherung an die Erfüllung wichtiger Ziele verspricht, können wir von Hoffnung sprechen" (S. 35). Hoffen ist auch das Vertrauen, vom Leben getragen zu werden. Gerade diese emotionale Erfahrung der Hoffnung ist allgemein den Imaginationen eigen (Kast, 2012).

Hoffnung bewirkt eine Verringerung der Ungleichheit von subjektiv empfundener Ist-Situation und gewünschter Zielvorstellung. Erwartungen und Hoffnungen erhöhen das Wohlbefinden, welches sich wiederum auf eine positive Wahrnehmung der augenblicklichen Situation auswirkt, wobei Erwartungen ohne Vorstellungen wiederum nicht denkbar sind (Reddemann & Stasing, 2013).

Fallbeispiel

Eine Frau, Mitte Fünfzig, hat Ängste und macht sich große Sorgen um einige Familienmitglieder. Sie fühlt eine erdrückende Schwere und Hoffnungslosigkeit. Auf mein Anraten lässt sie sich eine Indianerlandschaft kommen:

Ich sehe ein Indianerdorf. Zwischen den Zelten laufen Kinder, auch Hunde. Da sind auch ältere Frauen, die lachend die Kinder beobachten. Weiter hinten sehe ich Büffel. Das Dorf ist in eine Ebene eingebettet, rundum ist Wald. Das ist eine schöne Gemeinschaft mit Zusammenhalt, Fröhlichkeit, auch Reichtum. Während ich so hinschaue, habe ich das Gefühl, dazuzugehören. Ich bin ein Teil von ihnen. Das berührt mich jetzt. An einem Feuer sitzen rundum Indianer. Ich setze mich dazu. Ein Indianer hält eine Ansprache, holt mich zu sich und begrüßt mich vor den anderen. Er überreicht mir eine Feder. Dann erheben sich alle und deuten mir, mit ihnen mitzugehen. Wir verlassen das Indianerdorf, gehen über eine Wiese in Richtung Wald. Da ist ein steiler Weg. Ich bin langsam, aber die anderen warten. Jetzt müssen wir klettern, die anderen nehmen mich in die Mitte und helfen mir. Irgendwann geht es wieder abwärts. Wir gelangen zu einem See im Wald. Dort scheint ein Indianer auf mich zu warten. Alle Indianer, die mich bisher begleiteten, gehen weiter. Dieser Mann wirkt sehr freundlich und vertrauensvoll. Er vermittelt Wärme und als ich seine Hände zur Begrüßung nehme spüre ich ein Gefühl von Verbundenheit. Er sagt: „Vertraue!", und in mir ist Dankbarkeit, ihn kennenzulernen. Er überreicht mir eine Scheibe aus türkisblauen Halbedelsteinen. Ich soll sie drehen. Da wird die Scheibe immer größer. Ich kann sie mir wie ein Kleidungsstück von oben nach unten überziehen. Jetzt liegt sie am Boden und ich steige heraus. Ein heißes Gefühl überkommt mich. Es ist ein Gefühl von Stärke und Zuversicht. Ich lasse meine Familie dazukommen. Da ist jetzt viel Liebe, mein Brustraum weitet sich und fühlt sich ganz frei an.

Ressourcenstärkung erlebte diese Klientin durch das emotionale Wahrnehmen zahlreicher humaner Werte wie Gemeinschaftssinn, Fröhlichkeit, Zugehörigkeit, Wertschätzung, Verbundenheit, Stärke, Zuversicht, Liebe. Sie fühlte sich deutlich entspannter und hoffnungsfroh.

Ressourcenaktivierung braucht Vorstellungskraft. Denn die Beurteilung, ob etwas ressourcenvoll empfunden wird oder nicht, kann nur mit Hilfe von Vorstellungskraft und subjektiv erfolgen (Reddemann & Stasing, 2013). Als eine zentrale Fähigkeit des Menschen betonen Flückiger und Wüsten (2015) seine Lern- und Adaptionsfähigkeit, die unmittelbar mit Sprache und raumzeitlicher Vorstellungskraft zusammenhängt, weshalb sich imaginative Verfahren zur Ressourcenaktivierung eignen.

Singer und Pope (1986) subsumieren, dass Imagination sowohl zur Kontrolle negativer Affekte wie auch zur Verstärkung positiver Erfahrungen genutzt werden kann. Auch Flückiger und Wüsten (2015) sind der Meinung, dass imaginative Interventionen für solche Veränderungen von Spannungszuständen mit positiver Beeinflussung des Wohlbefindens im Rahmen von Ressourcenaktivierung hilfreich sind. Es gilt, angenehme, genussvolle Empfindungen zu verstärken und als Wahrnehmung zu aktivieren. Denn Genuss zählt zu den basalen psychischen Grundbedürfnissen und selber genießen können, ist daher psychisch gesund.

Fallbeispiel

Ein Mann, der zurzeit beruflich sehr unter Druck steht, lernt seinen Inneren Ort der Musik kennen.

Ich sehe einen Park, einen großen Baum, darauf sitzt ein Vogel. Ich höre Vogelgezwitscher, da sind ja mehrere Vögel! Plötzlich ist es wieder still. Dann höre ich leise, zarte Geigenmusik einer Geige. Dann wieder Stille. Nun höre ich Trommeln. Ich suche die Richtung, aus der sie kommen und folge ihnen. Der Weg führt in die Erde hinein. Da ist ein dunkler Gang von Fackeln ausgeleuchtet. Ich bin am Ende des Ganges angelangt. Rundum sind Gefängniszellen. Davor sitzen dunkelhäutige Sklaven und trommeln inbrünstig. Ich höre ihr Trommeln und spüre ihre Sehnsucht. Da steigt das Gefühl der Sehnsucht durch die Kraft der Trommeln mit mir in den Himmel hinauf. Immer weiter, immer weiter... Ich sehe nur das Blau des Himmels. Wieder ist es ganz still. Schließlich höre ich leisen Windhauch, wie Streicheleinheiten. Dann erblicke ich die Sonne. Ihre Strahlen sind wie die Saiten einer Harfe. Ich selbst spiele jetzt auf diesen Saiten zarte Musik. Während ich so spiele, bemerke ich, dass der Wind mich harmonisch begleitet. Wenig später setzt auch sanftes Wasserplätschern ein. Wir spielen selbstvergessen. Plötzlich und unerwartet höre ich einen Donner. Laut und kurz. Dies ist das Zeichen für ein Crescendo. Ich spiele so schnell und so laut ich kann auf den Sonnenstrahlen, das Wasser tost, der Wind ist ein Sturm. Dann setzt Regen ein. Ein langes Regen-Solo. Gleichmäßig und entspannend ist der Klang des Regens. Langsam wird der Regen leiser und ich weiß, dass nun mein Abschluss-Solo kommt. Gefühlvoll und voller Hingabe zupfe ich die Sonnenstrahlen und spiele eine sanfte Melodie bis zum Ende. Ich höre den Nachhall und das Verklingen der letzten Harfentöne. Dann Stille.... Gedanken tauchen in mir auf: „Wo ist der Applaus? Wer hat uns eigentlich zugehört?" Noch während ich diese Fragen denke, beantwortet sie ein tiefes Gefühl von Dankbarkeit, welches mich zu Tränen rührt. Dankbarkeit, Teil dieser Schöpfung zu sein.

Im Nachgespräch erzählte der Klient, dass er diese Imagination wie ein emotionales Bad in humanen Werten wie Zugehörigkeit, Schönheit, Dankbarkeit empfand. Er fühlte sich zutiefst beschenkt und bereichert. Dieses innere Erleben veränderte seinen Blick auf seine reale Situation, welcher er mit mehr Leichtigkeit begegnen konnte.

In der Therapieforschung wird die Aktivierung von Ressourcen als wichtiger Wirkmechanismus beschrieben (z.B. Grawe, 2000). Ebenso schildert Lutz (2011) bezugnehmend auf die Relation von Krankheit und Gesundheit, dass Belastungen und Symptome allein nicht auf Krankheit oder Behandlungsbedürftigkeit hinweisen. Entscheidend ist, in welchem Maße Ressourcen verfügbar und aktiviert sind.

Nußbeck (2014) weist darauf hin, dass es bei ressourcenorientiertem Fokus nicht um das Leugnen von Defiziten oder Risiken, sondern vielmehr um das Aufzeigen von Stärken und Chancen als Gegengewicht zu den erlebten Belastungen geht. Eine Faustregel formuliert Grawe (2000): „**Problemperspektive für die inhaltliche Therapieplanung** (was soll geändert werden?), **Ressourcenperspektive für die prozessuale Therapieplanung** (wie kann es am besten geändert werden?)" (S. 99).

Übereinstimmend mit Reddemann und Stasing ist auch für Kast (2012) die Vorstellungskraft an sich eine wichtige Ressource. Sie holt uns Erinnerungen an Vergangenes ins Bewusstsein (ins Bewusste), lässt uns in die Zukunft ausschweifen, konfrontiert uns mit unseren Befürchtungen und Konflikten. Sie eröffnet uns aber auch.neue Erlebnis-, Erkenntnis- und Handlungsräume. Sie generiert Hoffnung, ist somit Überlebens- und Lebenshilfe.

Plassmann (2007a) formuliert es schlichtweg so: „Heilungsprozesse scheinen nur in Gang zu kommen bei gutem Kontakt zu dem, was man Ressourcen nennt" (S. 33).

3.6.1.2 Resilienz – Ich HABE, Ich BIN, Ich KANN

Es ist also immer lohnend, positive Emotionen zu kultivieren, da sie eine Aufwärtsspirale anstoßen hinsichtlich zunehmenden Wohlbefindens und Faktoren der Resilienz unterstützen (Frank, 2011).

„Unter Resilienz wird ... die Fähigkeit von Menschen verstanden, Krisen im Lebenszyklus unter Rückgriff auf persönliche und sozial vermittelte Ressourcen zu meistern und als Anlass für Entwicklung zu nutzen" (Welter-Enderlin zit. nach Berndt, 2014, S. 86). Zander (2009, 2013) spricht von Resilienz als seelischer Widerstandsfähigkeit in belastenden, risikobesetzen und traumatischen Situationen, die prozesshaft veränderbar ist und immer wieder neu erworben werden muss.

Bamberger (2015) schreibt, dass im psychosozialen Feld der Begriff „Resilienz" heutzutage gebräuchlicher ist als der Begriff „Kohärenzgefühl", jedoch beide Bezeichnungen weitgehend als Synonyme betrachtet werden können. „Kohärenzgefühl" ist der zentrale Begriff des Salutogenese-Konzeptes von Antonovsky (1997), welches als ein Vorläufer des Resilienzkonzeptes gilt (Berndt, 2014). „Kohärenzgefühl" meint ein psychisches Immunsystem, welches durch die drei miteinander agierenden Aspekte von Verstehbarkeit (Realität ist kognitiv als geordnet und strukturiert erfassbar), Beeinflussbarkeit (Handlungskompetenz ist gegeben) und Sinnhaftigkeit (Innere und Äußere Welt werden kognitiv und emotional als sinnhaft erfahren) definiert ist (Bamberger, 2015). Erikson (1968) berücksichtigt neben diesen drei Aspekten zusätzlich den Aspekt des Urvertrauens (Lutz, 2011). Eine Person mit hohem Kohärenzerleben kann vorhandene Ressourcen in entsprechenden Situationen auch mobilisieren. Je nach Lebensdynamik kann sich das Kohärenzgefühl immer wieder ändern, ist also keine stabile Konstante. Besonderen Einfluss haben Stressoren, welche die Identität des Menschen bedrohen, was zur Abnahme des Kohärenzgefühls führen kann. Die Langzeitstudie der Entwicklungspsychologin Emmy Werner, in welcher fast 700 Personen über 40 Jahre hinweg hinsichtlich ihrer Entwicklung beobachtet wurden, zeigt vier wesentliche resilienzfördernde Faktoren auf: gesunde Bindung zu mindestens einer Bezugsperson, Bereitschaft zur Verantwortungsübernahme für sich und andere, Fähigkeit, auf andere zuzugehen, ausgeglichenes Temperament (Bamberger, 2015; Berndt 2014).

Ein ressourcenorientierter Therapieprozess verhilft den Klienten und Klientinnen, mehr als bisher an sich selbst zu glauben und verstärkt von der Wirksamkeit eigener Fähigkeiten und Ressourcen überzeugt zu sein. Dieser Prozess fördert somit Resilienz und wird wesentlich von unserer Vorstellungskraft begünstigt. Das Bewusstsein für die eigene Widerstandsfähigkeit, sprich das Bewusstsein für die in den eigenen Ressourcen enthaltene Resilienz, wirkt wiederum ressourcenaktivierend (Reddemann & Stasing, 2013). In Bezugnahme auf ein pädagogisches Resilienzkonzept bei Kindern spricht Zander (2013) vom „Aufblühen" dieser Kinder als passendes Bild: „…. Da ist die kleine S., die zunächst ein auffällig unsicheres Verhalten an den Tag gelegt hat und in kürzester Zeit buchstäblich aufgeblüht ist…" (S. 59).

Allerdings bedeutet Resilienz nicht, jede Herausforderung meistern zu können oder leidvolle Erfahrungen zu verdrängen. Vielmehr geht es darum, diese zu akzeptieren, zu integrieren und neue Kraft zu schöpfen (Reddemann & Stasing, 2013). Auch Phasen des Zweifelns und der Verzweiflung gehören dazu. Berndt (2014) zitiert dazu den Gesundheitspsychologen Ralf Schwarzer: "Im Grunde sollte man statt von psychischer Robustheit von psychischer Elastizität sprechen" (S. 86). Zwischendurch tut es weh, aber schlussendlich hat man wieder Kraft für Neues (Berndt, 2014).

Brigid Daniel, Professorin für Sozialarbeit, beschreibt drei Grundbausteine von Resilienz: Ich HABE Menschen, die mich mögen und mir helfen. Ich BIN ein liebenswerter Mensch mit Respekt mir und anderen gegenüber. Ich KANN Probleme lösen und mich selbst steuern (Berndt, 2014).

Fallbeispiel

Ein Mann, Anfang Dreißig, hat Panikzustände, weil seine Frau erkrankt ist und im laufenden Untersuchungsprozedere nicht auszuschließen ist, dass es sich um eine Krebserkrankung handeln könnte. Ich ersuche ihn, seine Aufmerksamkeit auf das ihn belastende Gefühl zu lenken:

Dieses Panikgefühl sitzt in meinem Bauch. Es tauchen folgende Gedanken dazu auf: Ich bin einsam. Mein Leben ist sinnlos, hat keine Zukunft. Vor mir taucht das Bild einer menschenleeren Wüste auf. Da ist weit und breit niemand. Jetzt erhebt sich aus dem Sand doch eine Gestalt. Es ist ein Mann, sieht aus wie ein Clown. Er ist nur ca. 50 cm groß und wirkt sehr kindlich, ist aber kein Kind. Er sieht traurig, depressiv aus.

In der Mitte seines Herzens sehe ich jetzt ein Bild von meinen Eltern und mir, während einer Mahlzeit am Küchentisch sitzend. Ich bin ca. 10 Jahre alt und habe unabsichtlich einen Teller zerbrochen. Mein Vater tobt und beschimpft mich. Ich blocke total ab, habe mich aus Schutz „weggebeamt." Meine Mutter greift nun ins Geschehen ein, will vermitteln. Daraufhin bin ich wieder in der Situation total präsent, habe Angst, dass sich die Aggression des Vaters gegen die Mutter richtet. Mit dem Messer haue ich auf den Tisch, um die Aufmerksamkeit des Vaters auf mich, weg von der Mutter, zu lenken... Nun zeigt sich eine männliche, wohlwollende Gestalt: Es ist „der Gelassene", ein großer, schlanker Mann in hellblauem Gewand. Er legt seine Hand auf den Kopf des wütenden Vaters. Hellblaues Licht entströmt seiner Hand und fließt in den Körper des Vaters hinein – solange bis dieser ganz in hellblau strahlt... Die Atmosphäre am Tisch verändert sich, wird zwanglos. Ich lache über den kaputten Teller, meine Mutter lacht auch – und mein Vater grinst. Ich merke, dass sich meine Mutter wohl fühlt, alles wirkt harmonisch und wir essen weiter. Jetzt fühle ich mich wieder wie ein unbeschwertes Kind. Anders als zuvor, da war ich wie ein Erwachsener in einem Kinderkörper.

Ich schaue mir nochmal das Bild des traurigen Clowns an. Er verändert sich jetzt, trägt normale Straßenkleidung, wird größer, hat mein Alter. Er wirkt selbstsicher, zufrieden und irgendwie furchtlos. Er lacht mich an, und wir umarmen uns. Wir verschmelzen miteinander, werden eins. Ein Wohlgefühl durchströmt mich. Ich spüre hin zu meinem Bauch. Gedanken tauchen auf wie: Ich bin zufrieden. Ich bin zu Hause. Ich bin stark, ohne es sein zu müssen.

Ich sehe jetzt meine Frau und gebe ihr einen Kuss. Sie lacht mich an, und ich sage zu ihr: Ich <u>kann</u> dich tragen, aber ich <u>muss</u> es nicht! Ein starkes, befreiendes Gefühl breitet sich jetzt in meinem Körper aus.

Die Imagination zeigte einen systemischen Zusammenhang auf, welcher durch den humanen Wert von „Gelassenheit" als Ressource ausbalanciert wurde. Der Klient fühlte sich zuversichtlich, seine Symptome besserten sich nachfolgend deutlich.

3.6.1.3 Selbstwirksamkeitserwartung
An sich selbst glauben macht stark!

„Selbstwirksamkeitserwartung wird definiert als die subjektive Gewissheit, neue oder schwierige Anforderungssituationen aufgrund eigener Kompetenz bewältigen zu können" (Schwarzer, 2004, S. 12). Mit Anforderungssituationen sind all jene gemeint, für die Anstrengung und Ausdauer erforderlich sind, um sie zu meistern.

Dieses Konzept geht zurück auf die sozial-kognitive Theorie von Bandura (1979), wonach subjektive Überzeugungen kognitive, motivationale, emotionale und aktionale Prozesse steuern. Es handelt sich dabei vor allem um Handlungs-Ergebnis-Erwartungen (welches Verhalten welches Ergebnis bestimmt) sowie um Selbstwirksamkeitserwartungen (die Überzeugung, mit eigenen Kompetenzen das Ergebnis zu erreichen). Selbstwirksamkeit ist dann schwach ausgeprägt, wenn man zwar weiß, wie man zum Ergebnis gelangt, sich jedoch nicht in der Lage sieht, das Ergebnis zu erreichen. Der

Kernaspekt der Wahrnehmung von Selbstwirksamkeit liegt demnach in der persönlichen Einschätzung eigener Handlungsmöglichkeiten. Auch Singer und Pope (1986) betonen für ein hohes Maß an Selbstwirksamkeit die Wichtigkeit persönlicher Vorstellungen, etwas wirklich bewältigen und damit umgehen zu können.

In zahlreichen Studien hat sich gezeigt, dass optimistische Selbstüberzeugungen im Bereich von Krankheitsbewältigung und Rehabilitation positiv einwirken. Ebenso beeinflussen sie ganz allgemein das Denken, Fühlen und Handeln und sind somit ein Schlüssel zur kompetenten Selbstregulation. Wobei die Einflüsse der Selbstwirksamkeit auf die Selbstregulation beinahe unabhängig von den tatsächlichen Fähigkeiten sind und keinen Zusammenhang mit intellektuellen Fähigkeiten haben. Bei gleicher Fähigkeit überragen Menschen mit höherer Selbstwirksamkeit jene mit niederer Selbstwirksamkeit durch z.B. größere Anstrengung und Ausdauer, besseres Zeitmanagement, bessere Leistungen oder größere Offenheit bei der Suche nach Problemlösungen.

Kompetente Selbstregulation in Hinblick auf Selbstwirksamkeit – also dem Vertrauen in die eigene Kompetenz, auch schwierige Situationen zu meistern – ist auch für eine erfolgreiche Lebensbewältigung wichtig. Diverse Untersuchungen zeigen, dass hoch selbstwirksame Menschen insgesamt aktiver waren, leichter Arbeit fanden, zufriedener mit ihrem Leben und auch gesünder waren als niedrig selbstwirksame Menschen. Folgende vier Faktoren bestimmen oder beeinflussen Selbstwirksamkeitserwartungen: Vorerfahrungen (bereits erlebte Erfolge oder Misserfolge), Modelle (Beobachtung anderer), Überredung (Bemerkung anderer), Körperempfindungen (Schlussfolgerungen von fehlender Kompetenz aufgrund von Körperwahrnehmungen wie z. B. Angstschweiß, Herzklopfen). Die größte Einflussnahme wird den Vorerfahrungen zugeschrieben. Im Falle negativer Vorerfahrungen kann sich bei wiederholten Misserfolgserfahrungen eine zunehmende Beeinträchtigung von Selbstwirksamkeit, Motivation und Leistung einstellen, wenn die Misserfolge als eigene Unzulänglichkeit gedeutet werden (Schwarzer, 2004). Das erklärt, wie die Vorstellungskraft von Menschen auch selbstschädigend genutzt wird (Reddemann & Stasing, 2013).

Letztlich geht es darum, ein Bewusstsein von Selbstwirksamkeit zu entwickeln, was zu größerer Selbstachtung führt und den Klienten mehr Balance zwischen seinen Stärken und Begrenzungen erleben lässt. Selbstachtung ist für seelische Gesundheit unerlässlich. Wobei „Selbstwirksamkeit ... nur dort entstehen [kann], wo etwas von selbst wirksam wird" (Bamberger, 2015, S. 68) möglichst ohne Sendungsbewusstsein der Beraterin.

Fallbeispiel

Eine Frau, Ende Vierzig, möchte ihrer wiederkehrenden gereizten Stimmung und Unzufriedenheit auf den Grund gehen. In solchen Momenten ist ihr alles zu viel, besonders ihre Familie. Ich bitte sie, eine solche Szene zu erinnern:

Ich spüre, wie sich mein Bauch verkrampft. Es ist dort eng und kalt. Zu meinem Bauch gehören jetzt Sätze wie: Ich brauche mehr Platz. Ich will meine Ruhe. Ich brauche Zeit für mich. Ich muss immer für die anderen da sein. Ich will gesehen werden. Diese Sätze gehören zu einem ca. fünfjährigen Mädchen, welches in trotziger Haltung mit schrägem Kopf vor mir sitzt. Hinter ihrem Trotz verbirgt sich auch Traurigkeit. Das Mädchen war nicht immer so, es ist so geworden. Dieser äußere Einfluss ist wie ein Druck von oben, daher auch ihre schräge Kopfhaltung. Ohne äußeren Einfluss sieht sie ganz anders aus. Ich sehe jetzt ein vor Freude hüpfendes, unbeschwertes Kind. Die beiden sind wie zwei verschiedene Menschen. Der Druck von oben kommt von einer kalten Strömung, die eine männliche Gestalt aussendet. Ich erkenne meinen Lieblingsonkel. Ich sehe, dass sein Herz an der Spitze ganz dunkel ist. Früher war diese Stelle auch hell wie das restliche Herz. Da hat jemand gesagt, dass er das kleine Mädchen nicht so gern haben darf. Dieser negative Einfluss hat sich an seine Herzspitze gesetzt... Es zeigt sich meine Tante als böse, alte, mächtige Frau. Sie hat das Mädchen beim Onkel schlecht geredet. Da zeigt sich noch eine Frau. Sie wirkt sehr alt, als lebte sie schon Urzeiten, von großer Ruhe, ganz bei sich. Sie nenne sie „die Weise Frau". Sie reicht der Tante ihre Hände und spricht zu ihr: „Auch du wirst geliebt, brauchst nicht zu hassen. Auch für dich gibt es viel Liebe." Ich merke, dass „die Weise Frau" meiner Tante so etwas wie Freude, Kraft schenkt. Meine Tante zieht sich wieder zurück, viel Gift ist jetzt weg. Dann entfernt „die Weise Frau" die Giftspitze im Herzen meines Onkels, woraufhin sie gesund nachwächst. Das kleine Mädchen freut sich sichtlich. Aufrecht und gerade steht sie da, wissend, ganz sie selbst sein zu können. Der Einfluss von außen zeigt sich jetzt als warme, kraftspendende Frühlingssonne, keine kalte Strömung mehr. Ich umarme das Mädchen und werde eins mit ihr – es fühlt sich warm, weit, zufrieden an. Ich merke, wie sehr es mir gefehlt hat, so hüpfen und springen zu dürfen, wie man will! In meinem Bauch ist jetzt Weite, viel Platz. Dahin gehören jetzt Sätze wie: Ich bin ich! Ich brauche meinen Platz!

Im Nachgespräch erinnerte sich die Klientin an Onkel und Tante und erzählte, wie sie die beiden als Kind erlebt hat. Sie empfand diese Imagination als stimmig, bewusstseinserhellend und klärend in Bezug auf ihre Gefühlsstimmung in ihrer eigenen Familie. Gestärkt mit Selbstvertrauen beendete sie die Sitzung.

Fallbeispiel

Ein 55jähriger Mann kann sich über Erfolge nicht wirklich freuen und findet immer Argumente, diese zu entkräften. Im folgenden Auszug einer Imagination wird ihm seine Selbstentwertung und Wandlung bewusst:

Ich sehe diesen Mann, der ich selber bin, jetzt vor mir. Er ist viel jünger als ich, ca. 20 Jahre, wirkt unsicher und abwartend. Erschrocken erkenne ich, dass sein Herz nach unten verrutscht ist, weil es im Brustraum zu eng ist, keinen Platz hat. Hier kann es aber nicht richtig arbeiten, ist klein und verkümmert. Von der Mitte dieses Herzens springt mir ein Satz in schwarzer

Blockschrift entgegen, wie ein Stempel: „Das kannst du sowieso nicht!" ... *Mir dämmert, dass das wirklich mein Satz ist, ich sage ihn so oft. Damit mache ich es mir auch bequem, weil ich mir nichts beweisen muss. So weiche ich auch möglichem Scheitern aus... Es zeigt sich eine männliche gütige Gestalt. Sie legt ihre Hände auf den Mann, der ich selber bin und weitet dadurch seinen Brustraum. Dann nimmt sie das verrutschte Herz in die Hände, bläst es auf und setzt es an seinen rechten Platz im Brustraum. Das Herz verbindet sich mit dem Blutkreislauf und fängt an, zu arbeiten. Ich spüre auch körperlich, wie es ruhig und gleichmäßig schlägt. Im Herzen kann ich jetzt lesen: „Ich versuche es auf jeden Fall. Es wird schon klappen."*

Die inneren Bilder und ihre negative Konnotation zeigten das fehlende Vertrauen in die eigene Kompetenz auf. Durch den humanen Wert der „Güte" (Ressourcenaktivierung) gelang die Wandlung und Etablierung eines lebensbejahenden Glaubenssatzes. Dies förderte die Erhöhung von Selbstwirksamkeit.

3.6.2 Existentielle Bedeutung

Für den deutschen Lyriker Friedrich Hölderlin (1770 – 1843) ist das Imaginieren ein Sehen mit dem Herzen und ein visionäres Schauen ins nie Gesehene (Bahrke & Nohr, 2013). Je mehr Erfahrung ein Klient mit der Imagination hat, umso existentiell tiefer wird seine imaginative Erfahrung. Es ist oft ein Vordringen in meditative Dimensionen, im Verstehen der Sprache der Imagination als die Sprache der menschlichen Tiefe, die sich immer mehr von der Biographie entfernt, um den Grund des Seins zu erschließen (Signer-Brandau, 1986). „Diesen Weg nennt Karlfried Graf Dürckheim den ‚Ruf nach dem inneren Meister', nach der inneren Stimme, die uns durch die Anforderungen der Welt geleitet..." (S. 446).

3.6.2.1 Schöpferkraft und Kreativität

Die konsumierende Begegnung mit der Kunst, sei es Literatur, Malerei, Musik oder Bildhauerei weckt unsere Fähigkeit, uns in Stimmungen und in andere Menschen hineinzuversetzen, ihr Leben zeitweilig mit zu leben. Auch wenn es nichts nützt, sich bei herausfordernden Gegebenheiten in solche Erfahrungswelten zurückzuziehen, so gibt es dennoch genügend Gelegenheiten, bei denen uns diese Dimension mitträgt oder die Perspektive unseres Lebens weitet (Singer & Pope, 1986).

Über die gestalterische Begegnung mit der Kunst sagt Kast (2012): „Die Vorstellung kreiert Geschichten, und wenn man ein künstlerischer Mensch ist, auch Kunstwerke" (S. 17), denn kreative Werke sind zu Materie gewordene Imaginationen. Bahrke und Nohr (2013) sprechen diesbezüglich von der ästhetischen Funktion der Imaginationsarbeit.

So finden sich in jeder literarischen Epoche eindrückliche Beispiele und auch theoretische Auseinandersetzungen mit Imagination. Bahrke und Nohr (2013) erwähnen die kulturanthropologische These Friedrich Schillers, wonach durch die Auseinandersetzung mit der Kunst, die für ihn eine Erfahrung des Schönen ist, die Versöhnung der menschlichen Grundtriebe erreicht wird. Denn der ästhetische Bereich der Kunst eröffne einen Zwischenbereich für Spiel, Phantasie und Symbolisierungen. Des Weiteren begründen die Autoren, dass das Spiel der Gedanken und Gefühle deshalb von Erfolg gekrönt sein kann, weil innerhalb eines Möglichkeitsraumes das Realitätsprinzip vorübergehend ohne Gültigkeit ist. (In der Quantenphysik spricht man von Potentialitäten, von einem „Sowohl-als-auch" – von Möglichkeiten zur Manifestation (Dürr, 2014)). Die Nähe von Imagination und Dichtkunst beschäftigte auch Freud, welcher festhielt, dass des Dichters Aufmerksamkeit auf das Unbewusste in der eigenen Seele gelenkt ist und den darin enthaltenen Entwicklungsmöglichkeiten künstlerischen Ausdruck verleiht anstatt sie mit Kritik zu unterdrücken. C.G. Jung sprach von Imaginationen auch als unbewusste Phantasien, die das Innerste des Menschen nach außen bringen, was ihn früh zu der Überlegung brachte, im therapeutischen Kontext Menschen zu latenten Phantasien bewusst zu ermutigen. Wenig später bezeichnete er die latenten Phantasien in Bezug auf Goethe als eine „unglaubliche Hexenküche" sowie „die Gebärmutter des Geistes" (Jung zitiert nach Bahrke und Nohr, 2013, S. 213).

Imaginationen ermöglichen den Zugang zum Unbewussten und haben demnach eine Vermittlerfunktion zwischen Bewusstem und Unbewusstem. Es gilt jedoch, sich auf unbewusste Vorgänge auch einzulassen, zu überlassen, zu öffnen, um die bildhaften Botschaften aufnehmen zu können. Die angestrengte Mühe in der Lösungsfindung wirkt oft hinderlich, erst in einer schöpferischen Pause (z.B. ruhen lassen, Resignation, Unlust) zeigt sich die Lösung. Als berühmtes Beispiel dazu fungiert die Entdeckung des Benzolrings durch Kekulé. Dieser suchte lange Zeit erfolglos nach der chemischen Formel für Benzol. Eines Abends saß er gedankenverloren vor dem Kamin, als ihm das Bild einer Schlange in den Sinn kam, die sich in den Schwanz biss. Kekulé hatte imaginativ seine Lösung für die gesuchte Formel gefunden – es war der Ring (Seithe, 1997).

Fallbeispiel

In einer Gruppe wurde die erste Zeile des Gedichtes imaginiert und eine Teilnehmerin erlebte folgende innere Wanderung:

„Schläft ein Lied in allen Dingen,
Die da träumen fort und fort,
Und die Welt hebt an zu singen,
Trifft du nur das Zauberwort."

(Joseph Freiherr von Eichendorff)

Ich befinde mich in einer felsigen Landschaft. In die Felsen sind unendlich viele Worte gemeißelt und ich „weiß", dass darin die Geschichte der

Menschheit aufgeschrieben ist. Ein schmaler Weg führt hinauf zur Bergspitze und wieder „weiß" ich, dass dort oben der Schatz der Welt zu finden ist. Also begebe ich mich hinauf zum Gipfel. Beinahe oben angekommen, finde ich eine Höhle vor, an deren Eingang rechts und links zu meiner Verwunderung blühende Rosenstöcke sind. Neugierig betrete ich die Höhle. Darinnen ist es dunkel und kahl. Da ist eigentlich nichts. Ich setze mich mit Blick nach draußen in die Mitte und warte. Während ich eine Weile so sitze, überfällt mich die Erkenntnis: ICH bin ja der Schatz der Welt! Eben dieses Lied schläft in mir und auch in jedem Menschen! Im selben Moment der Erkenntnis beginnen in der Höhle unendlich viele Diamanten zu glitzern und ihre energetische Ausstrahlung rührt mich zu tiefster Dankbarkeit, die meine Augen mit Tränen füllen.

Fallbeispiel

Eine Klientin, Anfang Vierzig, erzählt von einem Buch, welches sie eben gelesen hat. Ein Satz daraus hat ihr besonders gut gefallen, und sie möchte wissen, was ihre Innere Welt dazu offenbart. Zu ihrem Erstaunen erlebt sie folgendes:

Ich liege rücklings völlig entspannt auf einer Wiese und am Himmel steht in schöner, blauen Schreibschrift der Satz: „Die Kaiserin kennt die Quellen ihrer Kraft." Der Satz übt eine starke Anziehungskraft auf mich aus. Also springe ich in den Satz hinein… Ich tauche tief in einen Brunnenschacht. Um mich ist es dunkel, doch ich tauche auf ein helles Licht zu, weit unter mir. Das ist jetzt wie im Märchen. Das Licht ist glitzerndes Gold, und ich stehe vor einer goldenen Tür. Ich möchte sie gerne öffnen und wissen, was dahinter ist. Doch das ist nicht möglich. Da bemerke ich neben meinem Fuß eine Kröte, die mir sagt, dass ich nicht eintreten darf, weil das <u>ihr</u> Schatz wäre … Die Kröte verwandelt sich in eine alte Frau. Ich kann ihre Gedanken hören: „Ich habe keine Freude. Alles ist eine Last. Mein Leben ist vorbei. Eigentlich hatte ich kein Leben."

Während ich die Frau ansehe, erkenne ich, dass sie immer viel gegeben, aber wenig bekommen hat. Jetzt ist sie am Ende ihrer Kräfte. Sie hatte nicht den Mut, „Nein" zu sagen aus Angst, nicht geliebt zu werden. Mir wird plötzlich klar, dass auch ich es immer allen recht machen möchte.... Wäre es der Frau gelungen, anders im Leben zu agieren, wäre sie von jüngerer Gestalt, aufrecht stehend und freudig in die Welt blickend. Ich sage der alten Frau, dass es mir leid tut. Sie möge mir verzeihen, dass das Thema „es allen recht machen zu wollen" zwischen uns steht. Ich umarme sie und meine Lebensenergie fließt in sie hinein. Jetzt kann sie sogar lächeln und sagt: „Es ist gut. Mein Leben liegt hinter mir, mach du es anders. Ich habe in meiner Verbitterung die Liebe nicht gesehen. Das ist jetzt anders. Ich möchte Dir Erinnerung sein, Dein Leben zu genießen." Wir umarmen uns, und sie findet ihren Platz in meinem Bauchraum. Mein Bauch fühlt sich nun warm und weit an – fast so, als ob etwas Fehlendes dazugekommen wäre. Vor der goldenen Tür sitzt nun keine Kröte mehr und nichts hindert mich daran, diese Tür zu öffnen...

Immer wieder offenbaren Imaginationen systemische Zusammenhänge, so auch hier. Es zeigte sich ein Widerstand zu den „Quellen der Kraft", der durch den Akt der Verzeihung gewandelt und neu integriert wurde.

3.6.2.2 Schöpferkraft und Spiritualität

Das lateinische Wort „Spiritus" liegt dem Begriff Spiritualität zugrunde und hat u. a. die Bedeutung von „Lufthauch", „Atem", „Leben", „Seele", „Geist". Spiritualität ist die Erfahrung, dass „Gedanken keinen Anfang und kein Ende haben, dass das Leben weit mehr Dimensionen hat, als unser Verstand erkennen kann, ... Es ist die Erfahrung, dass die innere Welt zwar keine Grenzen kennt, jedoch einen Grund ..." (Böschemeyer, 2007, S. 14).

Reddemann (2007) berichtet, dass sie oft schon beobachten durfte, dass Menschen über Wissen und Weisheit verfügen, die weit über das, was das bewusste Ich weiß, hinausgehen. Aber viele Menschen hätten verlernt, dieser inneren Weisheit zu lauschen, denn diese erfordert primär Stille. Für Grün (2014) bedeutet Spiritualität in der Beratung, „die Menschen an ihren wahren Kern, an ihre unantastbare Würde, an den Raum der Stille heranzuführen" (S. 82), in welchem auch in der tiefsten Ablehnung und Verletztheit ein neues Selbstwertgefühl wachsen kann. Über diesen Raum hat niemand Macht. In diesem Raum wohnt Gott im Menschen. „Denn, wer kommen will in Gottes Grund, in dessen Innerstes, der muss zuvor in seinen *eigenen* Grund, in *sein* Innerstes kommen, denn niemand kann Gott erkennen, der nicht zuvor sich selbst erkennen müsste" (Meister Eckart zit. nach Böschemeyer, 2007, S. 18).

> Henri Corbin sagt von der schöpferischen Imagination, sie vermittle zwischen dem Sichtbaren und dem Unsichtbaren, zwischen der physischen und der geistigen Welt, deshalb sei es durch das Medium der Imagination möglich, in einem Menschen auch das göttliche Wesen, das sich in ihm ausdrückt, zu lieben. (Kast, 2012, S. 26)

Fallbeispiele

Ein Mann, Ende Vierzig, tut sich grundsätzlich schwer, Grenzen zu setzen, was ein latentes Unzufriedenheitsgefühl und das Gefühl, von seinen Bezugspersonen nicht gesehen zu werden, verursacht. Er möchte daher sein Durchsetzungsvermögen stärken. Ich ermutige ihn, in eine Landschaft einzutauchen, das Thema „Durchsetzungsvermögen" auf sich wirken zu lassen und dann ein Bild auftauchen zu lassen:

In einem Gebirgstal zeigt sich mir ein Bach mit steinigem Ufer. Alles wirkt ganz unberührt. Das Wasser ist sehr klar und rein. Die Luft ist von unglaublicher Frische. Ich habe das Gefühl, in einer „heiligen" Landschaft zu sein. Ich nehme bewusst einige tiefe Atemzüge. Mein Körper weitet sich dadurch nach allen Seiten. Es zieht mich in den Bach hinein, dessen Lauf ich folge. Irgendwann befinde ich mich in einer Grotte mit Tropfsteinen, die in gelb-

grünem, mystisch anmutendem Licht das Wasser beleuchten. Die Stimmung ist hier beinahe feierlich und erhaben. Ich fühle mich eingeladen, tiefer in die Grotte hinein zu gehen. Da entsteigt dem Wasser ein alter Mann mit zerfurchtem Gesicht und kommt langsam auf mich zu, was mir die Gelegenheit gibt, ihn aufmerksam zu betrachten. Er trägt einen weißen Umhang, hat einen langen Bart und silbergraue Haare. Mir fallen seine Augen auf: sie strahlen eine tiefe Ruhe aber auch Lebendigkeit aus. Sie wirken, als hätten sie alles bereits gesehen, irgendwie zeitlos, voller Weisheit... Dieser Mann übt eine große Faszination auf mich aus. Jetzt erst bemerke ich, dass er eine goldene Schale in seinen Händen hält, die er nun ins Wasser taucht und mir zum Trinken reicht. Ich trinke von diesem leuchtenden Wasser und plötzlich habe ich das Gefühl, durch alles hindurch sehen zu können. Ich kann unzählige Menschen sehen, mit denen dieser Mann verbunden ist und über welche er wacht. Der Alte gibt mir zu verstehen, dass er auch über mich wacht. Ich solle mir keine Sorgen machen. Ich spüre, wie meine Wirbelsäule sich streckt, alles in mir richtet sich auf. Der Mann blickt mir in aller Ruhe tief in meine Augen und legt eine Hand auf meine Schulter. Ich erkenne, dass er wirklich alles von mir weiß. Er bekräftigt, dass ich mich nicht zu fürchten brauche, da er über mich wacht und über das getrunkene Wasser nun ein Teil von ihm auch in mir ist. Er appelliert an mich: „Geh aufrecht und mit erhobenem Kopf!" Ich spüre, dass seine Stimme in meinem Kopf ist. Ich fühle mich ganz ruhig, gestärkt und bestimmter. Der Druck in meinem Körper ist nun kaum auszuhalten, so eine unglaubliche Kraft und Energie... Der alte Mann scheint das zu spüren, denn er legt beide Hände auf meine Schultern: „Sei ganz ruhig und lass die Energie einfach fließen. Bleib dir selber treu und geh deinen Weg. Ich halte meine Hand über dich." Seine Worte durchdringen mich voll und ganz. Ich spüre, wie sie mich eckiger machen und ich mehr Profil bekomme. Ein unglaubliches Gefühl der Stärke durchströmt mich....

In einer Gruppe imaginiert ein Teilnehmer zum Thema „Urvertrauen" folgendes:

Ich sehe einen kreisrunden Platz, in dessen Mitte sich aus allen Himmelsrichtungen Lichtstrahlen treffen. Mich zieht es zu diesem Treffpunkt und ich stelle mich genau dort hin. Da kommt mir von vorne eine männliche Gestalt entgegen. Ich spüre Aufregung und Ergriffenheit. Der große, schlanke Mann mit braunen, langen Haare hat eine jesus-artige Ausstrahlung, scheint nicht von dieser Welt zu sein. Er verströmt eine unendliche Güte. Ich nenne ihn meinen Geistvollen. Da sehe ich, dass er aus seinem Herzen blutet. Blutstropfen fallen auf den Boden und verwandeln sich im selben Augenblick in Rubinsteine. Der Geistvolle deutet auf mein eigenes Herz. Darin erblicke ich auch einen Rubinstein und „weiß", dass jeder Mensch mit einem Rubinstein geboren wird! Tiefe Rührung überkommt mich ... Dann wechselt das Bild und vor mir galoppiert eine Horde schneeweißer Pferde mit wehenden Mähnen. Eine unbändige Kraft und Freude geht von ihnen aus und ich höre eine Stimme: „Die Kraft des Glaubens." Ich „weiß", dass damit die unbändige Glaubenskraft von Jesus an mich und alle Menschen gemeint ist und nicht umgekehrt! Es ist <u>sein</u> Glaube an uns! ... Ich bin ergriffen von einem tiefen Gefühl des Angenommenseins, der Wärme und der Geborgenheit...

4 Leben will leben – Mentale Wachstumsvorgänge

Basierend auf der Theorie komplexer Systeme leitet die moderne Traumatherapie (Plassmann, 2007, 2011, 2014) aufgrund von Behandlungserfahrungen allgemeine Eigenschaften heilsamer mentaler Wachstumsvorgänge ab, welche im Einklang mit meinen Erfahrungen in der Imaginationsarbeit stehen. Es handelt sich u. a. um das Prinzip Selbstorganisation, das Prinzip Transformation, das Prinzip Gegenwärtigkeit, das emotiozentrische Prinzip, das Prinzip Körperlichkeit, die transformative Kommunikation. Diese Aspekte ergänze ich um das Thema Rhythmus und Schwingung. Nachstehend werde ich all diese genauer erläutern, Zusammenhänge mit naturwissenschaftlichen Erkenntnissen anführen und mit Fallbeispielen bereichern.

4.1 Synergetik

Das Wort Synergetik entstammt dem Griechischen, bedeutet „Lehre von [sic] Zusammenwirken vieler Prozesse in komplexen Systemen" (Grawe, 2000, S. 456) und bezeichnet die Wissenschaft der Selbstorganisation (Haken & Schiepek, 2010). Ihre Modellvorstellungen sind sehr sinnvoll und hilfreich, Prozesse auch in Therapie und Beratung zu begreifen (Kriz, 2013).

Das Modell Selbstorganisation ist interdisziplinär aus der Notwendigkeit heraus entstanden, dass sich vor allem Physiker, aber auch Mathematiker, Philosophen, Biologen und Psychotherapeuten ihre Beobachtungen mit den Newton'schen Gesetzen der Mechanik nicht mehr erklären konnten (Plassmann, 2007b). Denn selbst wenn Strukturen in ihrem Aufbau erkannt wurden, so galt es erst noch zu verstehen, wie die Einzelbestandteile zusammenwirken (Haken, 1995). Es bedurfte eines Modells für komplexe Systeme. Anfang des 20. Jahrhunderts postulierte Albert Einstein, dass Raum, Zeit und Materie nicht, wie bisher angenommen, konstant, sondern relativ sind. Es folgte in den 1920er Jahren die Begründung der Quantenmechanik durch Max Planck und später Werner Heisenberg mit der Kernthese, dass sich Materie selbst organisiert, nämlich in diskontinuierlichen Energiesprüngen. Daraus lassen sich zwei Grunderkenntnisse für Selbstorganisation artikulieren (Plassmann, 2007b):

> Komplexe Systeme sind nicht linear, sondern diskontinuierlich. Sie bilden Muster auf verschiedenen Energieniveaus, zwischen denen unter bestimmten Bedingungen Phasenübergänge stattfinden.
>
> Dieses Prinzip gilt in allen komplexen Systemen: Der Makrokosmos des Universums, der Mikrokosmos der Atome, biologische Systeme und ... das psychische Selbstheilungssystem, [sic] sind in ihrem innersten Wesen gleich (Isomorphie-Prinzip). (S. 172)

Bamberger (2015) führt als Beispiele für Selbstorganisation auf körperlicher Ebene eine Schnittverletzung am Finger an, die mit einem Pflaster versorgt wird. Oder ein gebrochenes Schienbein, das von Ärzten ausgerichtet wird. In beiden Fällen sorgt der Organismus selbst mit seinen spezifischen Zellsystemen, neuronalen Netzwerken, funktionalen Organeinheiten und mannigfaltigen internalen Wechselprozessen für die eigentliche Heilung. Diese organismische Selbstorganisation, auch Autopoiesis genannt, besagt, dass lebende Systeme eine immanente Steuerung besitzen und selbsterhaltend funktionieren.

„... das wichtigste Merkmal alles Lebendigen [ist] seine Fähigkeit zur Selbstorganisation" (Hüther, 2015, S. 54). Das Konzept der Selbstorganisation wirft verständlicherweise auch viele philosophische Fragen auf, nicht nur in Bezug auf der Ebene einzelner Individuen sondern auch in Bezug auf die gesamte Ordnung unserer Welt: Wer hat diese Ordnung erschaffen? Muss es nicht irgendwo eine ordnende Instanz geben? Wie entwickelte sich Leben, Geist, Bewusstsein? Angeregt durch neurowissenschaftliche Erkenntnisse werden diese und ähnliche Fragen von Wissenschaftlern der Neurowissenschaft und Philosophie diskutiert.

Grawe (2000) scheint es daher wichtig, hinsichtlich des psychischen Kontextes auf folgende offensichtliche Sachverhalte hinzuweisen: Die menschliche Psyche interagiert mit einer systemexternen Umwelt, erhält von ihr Energie und Information und wirkt auf sie ein. Es gibt keine zentrale Steuerungsinstanz im Seelenleben. Wohl aber gibt es zahlreiche und zeitgleiche Prozesse, die untereinander negativ und positiv rückgekoppelt sind und unser Verhalten wie Erleben bestimmen. Negative und positive Rückkopplung sind ein ubiquitärer Bestandteil des Seelenlebens. Negative Rückkopplung bedeutet Kontrolle. Das Verhalten ist bestrebt, Ist-Soll-Abweichungen möglichst klein zu halten oder zu vermeiden. Positive Rückkopplung steht für Selbstverstärkung. Beide Rückkopplungsprozesse wirken sowohl in positive als auch in negative Richtung. Nervenzellen im Gehirn weisen zahlreiche Verbindungen untereinander auf, über welche sie wechselseitig erregend oder hemmend einwirken. Daraus ist ersichtlich, dass negative und positive Rückkopplung auch eine offenkundige neuronale Grundlage haben.

Bezüglich der psychischen Ebene im menschlichen Organismus meinte schon Werner Heisenberg: „Es sind die gleichen ordnenden Kräfte, die die Natur in all ihren Formen gebildet haben und die für die Struktur unserer Seele, also auch unseres Denkvermögens verantwortlich sind" (Werner Heisenberg zit. nach Haken & Schiepek, 2010, S. 9).

4.1.1 Licht werden – Laserlicht

Es steht außer Frage, dass das komplexe System Mensch mit seinem Gehirn, welches das komplexeste biologische System ist, das die Evolution hervorgebracht hat, sehr viel undurchsichtiger ist als ein Laser. Jedoch eignet sich das physikalische System des Laserlichts, um anschaulich zu zeigen, wie neue Ordnungsmuster entstehen und sich komplexe Systeme organisieren (Plassmann, 2007b). Denn dadurch, dass ein Laser ständig Energie mit seiner Umgebung austauscht, ist er, wie alle biologischen Systeme, ein offenes System (Haken, 1995).

Das Licht von Lampen, deren Atome nicht sehr häufig angeregt werden, ist völlig ungeordnet. Jedes um den Zellkern herumschwingende Elektron der Leuchtgasatome nimmt irgendwann Energie auf und gibt sie irgendwann wieder ab. Es entsteht eine ungeordnete Mischung von Lichtwellen. Werden nun, wie beim Laserlicht, ständig genügend Elektronen durch Energiezufuhr (Erhöhung der Stromspannung) angeregt, so beginnt ein Wettkampf zwischen den verstärkten Lichtwellen um weitere Verstärkung durch die übrigen Leuchtelektronen. Diese Elektronen verstärken verschiedene Lichtwellen auf unterschiedliche Weise und geben ihre Energie mit kleinem Vorzug an jene Welle ab, die ihrem eigenen Rhythmus am ähnlichsten ist. Obwohl nur ein ganz klein wenig favorisiert, wird diese spezielle Welle lawinenartig verstärkt und gewinnt gegenüber den anderen Wellen, die nun unterdrückt werden. Sämtliche Energie der Leuchtelektronen unterstützt nur mehr die eine völlig gleichmäßig schwingende Welle. Diese Lichtwelle wiederum, in der Synergetik Ordner genannt, veranlasst jedes neu angeregte Leuchtelektron eines Atoms sozusagen zum Mitschwingen im Takt. Ähnlich einer sich über den See ausbreitenden Welle, welche die auf ihm schwimmenden Boote im Takt bewegen lässt, schwingen die Elektronen mit der Lichtwelle mit und senden dabei wiederum Licht aus. Einerseits „versklavt" der Ordner die einzelnen Elektronen, andererseits erzeugen die Elektronen durch ihr gleichmäßiges Schwingen erst den Ordner. Sie bedingen sich also gegenseitig. Für das Zustandekommen einer ordnenden Lichtwelle bedarf es eines bestimmten Betrages an Lichteinstrahlung (Energiezufuhr) von außen. Ist der kritische Wert dieser Höhe an Energiezufuhr überschritten, so entsteht das geordnete Licht, das Laserlicht, von selbst. Ein Phasenübergang von Chaos zu Ordnung durch die Anregung einer Schwingung hat sich vollzogen (Haken 1995; Haken & Schiepek, 2010). Wobei mit Chaos ein nicht vorhersagbarer, ungeordneter, chaotisch wirkender, allerdings nicht zufälliger Ordnungszustand gemeint ist (Grawe, 2010).

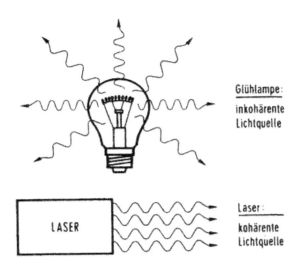

Abb.1: Lichtstrahlung

4.1.2 Licht werden – Entwicklung

Ein weiteres Beispiel für das Entstehen neuer Ordnungsmuster erwähnt Kriz (2013) mit dem rhythmischen Klatschen eines Publikums, welches mit der Zeit selbstorganisiert zu einem gemeinsamen Rhythmus findet. Das heißt, mehrere ähnliche Rhythmen koordinieren sich, gewinnen dadurch an Lautstärke und animieren andere, es gleich zu tun. Es wird noch lauter, noch mehr machen mit, bis das ganze Publikum erfasst ist. Die vielen einzelnen

Klatschrhythmen ordnen sich zu einem Muster eines alleinigen kollektiven Klatschrhythmus.

Demnach ist unter Ordnung eine große Reduktion von Komplexität zu verstehen. Auch der Mensch muss ständig die komplexen Phänomene seiner Alltagswelt zu einer kognitiv erfassbaren Lebenswelt reduzieren. Wobei er seine Welt nicht nur von sich aus strukturiert, sondern sie tritt ihm auch immer schon als strukturiert entgegen. Denn seine Lebensbühne wurde vor ihm schon von vielen Generationen bespielt, gestaltet und definiert.

Im Beratungskontext geht es folglich um „sinnhafte Ordnungen menschlicher (Er-)lebensprozesse" (Kriz, 2013, S. 108) unter Einbeziehung der psychischen, körperlichen, interpersonellen und kulturellen Systemebene.

Plassmann (2007a) formuliert das Prinzip Selbstorganisation wie folgt: „Das psychische Heilungssystem ist also ein biologisches System, welches Phasenübergänge von dysfunktionalen zu funktionalen Ordnungsmustern erzeugt, wenn bestimmte Voraussetzungen erfüllt sind…" (S. 31). Wann ist nun der menschliche Organismus zu sprunghaftem Wachstum bereit? Plassmann (2011) postuliert die These, dass dies immer dann möglich wird, wenn starke Emotionen wirken und ein dienlicher Rahmen für die Fähigkeit zur Selbstorganisation vorhanden ist. Ähnlich wie Madert (2007) vermutet er die Kernaufgabe von Therapeutin und Beraterin darin, den selbstorganisatorischen Heilungsprozess durch das Bereitstellen eines passenden Rahmens zu initiieren, sodass neue Muster sich bilden können und Energie für weitere Entwicklung frei wird. Denn dysfunktionale Muster (Entwicklung blockierende Denk-, Fühl- und Verhaltensmuster) wechselwirken mit allen Systemebenen. Sie binden dort vorhandene Energie, welche für die Weiterentwicklung schlichtweg fehlt.

Schmid (2010) merkt an, dass es in der Imaginationsarbeit Sinn und Zweck ist, mit dem inneren selbstorganisatorischen Steuerungsmechanismus in Kontakt zu treten, einen heilsamen Dialog zu unterhalten und damit einen fruchtbaren Nährboden für das Wechselspiel dynamischer Regelkreise im menschlichen Organismus zu ermöglichen. Letztendlich ist die Vorstellungskraft heutzutage nichts Mystisches mehr, da ihre subjektiven Repräsentanzen durch bildgebende und elektronische Verfahren objektiv sichtbar gemacht werden können.

Fallbeispiel

Einer Frau, Ende Zwanzig, steht eine Augenoperation bevor und seitdem sie davon weiß, leidet sie an Schweißausbrüchen, Durchfall und Panikattacken:

Ich blicke in meine eigenen Augen. Aus ihnen kommt mir eine Gestalt entgegen. Es ist ein alter Mann, groß und schlank. Er trägt ein weißes, langes Kleid. Auch seine Haare sind weiß. Seine Ausstrahlung wirkt beruhigend, wohltuend auf mich. Es ist gut, dass er da ist. Er wirkt sehr weise, in sich ruhend. Er nimmt meine Hände. Da durchströmt mich ein Gefühl von Geborgenheit. Ich werde noch ruhiger. Dieses Gefühl scheint mir zu sagen: „Alles wird gut. Ich bin für dich da." Lange stehen wir so da und ich merke, wie die Anspannung aus meinem Körper weicht. Ich fühle mich stärker und auch aufgerichtet.

Die körperlichen Reaktionen der Klientin – als Ausdruck eines dysfunktionalen inneren Ordnungsmusters – konnten sich durch das Erleben des Gefühls von Geborgenheit (Ressourcenaktivierung, Energiezufuhr) beruhigen. Mit dem neu entstandenen Ordnungsmuster fühlte sich die Klientin gelassener hinsichtlich bevorstehender Operation.

4.2 Das Prinzip Transformation

Den Transformationsprozess beschreibt Plassmann (2011) als Vorgänge der Umwandlung, welche sich nach den Gesetzmäßigkeiten der Selbstorganisation verhalten mit dem Ziel dysfunktionale Muster durch funktionale zu ersetzen. Emotionale Belastungen und Störungen sind als dysfunktionale

Muster stabile, selbstorganisatorisch entstandene Ordnungsmuster, die sich deshalb formen und erhärten, weil sie als Ersatz für gescheiterte Transformationsprozesse dienen müssen. Sie sind eine Notlösung mit ursprünglich reparativem Sinn aber negativen Auswirkungen auf die Person (Lösungen, die nicht lösen). Diese dysfunktionalen Muster können die transformativen Fähigkeiten einer Klientin lähmen und ihre selbstorganisatorische Kompetenz in Richtung Stillstand bringen. Schmid (2010) beschreibt Störungen im menschlichen Organismus in Analogie zur Kybernetik: Sie sind oft die Folge einer unglücklichen Verkettung kleiner Irrtümer, Fehlkommunikationen und Missverständnisse, welche für sich alleine keinen Schaden anrichten würden. Aufgrund der Komplexität des Geschehens aber können sie in ihrer Summe bedeutsam sein.

Ein neues Ordnungsmuster kann nur in einem Phasenübergang entstehen. Ein Phasenübergang meint das Loslassen alter Strukturen, das Anerkennen von temporär mehr Komplexität und Chaos. Therapeutische Techniken dienen einer Anreicherung mit Komplexität. Das bisherige dysfunktionale Ordnungsmuster wird instabil und es erweitert sich das Spektrum an Lösungsmöglichkeiten. Wird dann eine Lösung favorisiert, ausprobiert und weiter verfolgt, verengt sich das Lösungsspektrum wieder, und es entsteht ein neues funktionales Ordnungsmuster (Kriz, 2013).

Auffällig zu beobachten ist, dass, wenn seelische Selbstheilungsprozesse angeregt werden, sich die mentalen Transformationsprozesse immer in eine segensreiche Richtung hinsichtlich Gesundheit und Integrität hinbewegen. Dazu Plassmann (2007a) wörtlich: „Das Heilungssystem fühlt, wo es hin will. Wir können uns in der Therapie auf den Heilungsinstinkt – den eigenen und den des Patienten – stets verlassen, wie ein Reiter auf sein Pferd. Es findet immer den Stall" (S. 38).

Bei seelischen Transformationsprozessen wird nichts eliminiert, es wird nichts gelöscht, sondern es findet eine ständige Umformung aller bereits existierender und neu dazu kommender Inhalte des Psychischen statt, um diese innerlich neu zu ordnen. Ein solcher Vorgang vollzieht sich fortwährend und kann analog zur Atmung, dem Herzschlag oder dem Stoffwechsel verstanden werden. Transformation bedeutet demnach permanente Reorganisation psychischer Inhalte, was einer natürlichen Fähigkeit unseres Nervensystems entspricht (Plassmann, 2014a, 2011).

Mit Verweis auf den Chemiker und Philosophen Ilya Prigogine erwähnt auch Rogers (2015) die Transformation als nicht-lineares Ereignis, bei dem viele Faktoren gleichzeitig wechselwirken. Als Beispiel aus der therapeutischen Praxis führt er an, dass, wenn ein bisher verdrängtes Gefühl bejahend erlebt wird, sich sowohl ein deutlich merkbarer psychologischer Umbruch als auch eine zeitgleiche physiologische Wandlung vollzieht, sobald eine weitere Stufe der Einsicht erlangt wird.

Vermutlich meint Kast (2012) eben solche Transformationsprozesse in der Imagination, wenn sie die Aussagen von C.G. Jung subsumiert: „Imagination wird also verstanden ...als schöpferische Tätigkeit ... als die Grundlage für etwas Neues, vielleicht sogar für etwas in dieser Form noch nie Dagewesenes, auch fundierend auf Erinnerung, aber in einer neuen Weise orchestriert" (S. 29).

Fallbeispiel

Eine Frau, Ende Dreißig, träumte wiederholt von ihrem als aggressiv erlebten, bereits verstorbenen Vater. Diese wiederkehrenden Träume quälten sie sehr. Nach folgender Imagination hörten die Träume auf:

Mein Vater steht mir jetzt gegenüber... Ich bin ein bisschen überrascht. Er wirkt ganz anders als in meiner Erinnerung – so freundlich und ruhig, richtig wohlwollend. In mir spüre ich aber eine große Dunkelheit über den ganzen Körper verteilt. Mir wird richtig kühl. Ich fröstle und fühle mich isoliert, allein, leer. Zwischen meinem Vater und mir ist auch Dunkelheit. Diese Dunkelheit gehört zu einem dinosaurierähnlichen, furchteinflößendem Wesen. Es ist sehr aggressiv. Es macht mir Angst. Ich fordere es auf, seine Aggression mit

Worten auszusprechen. Das Wesen tobt sich daraufhin verbal aus. Ich lasse das einfach geschehen und höre einfach zu… Danach ist es völlig erschöpft und wirkt friedlicher. Ich habe keine Angst mehr. Es tut mir sogar leid. Sein Anblick macht mich traurig. Ich erkenne, dass seine Aggression vom Verhalten seines eigenen gewalttätigen Vaters herrührt… Ich habe jetzt ein Bild von Vater und Sohn (mein Großvater und mein Vater). Da zeigt sich zudem ein Mann mittleren Alters. Er wirkt stark und durchsetzungsfähig, aber auch sehr liebevoll. Dieser Mann, eine Wertgestalt, stellt sich an die Seite des Sohnes. Daraufhin scheint der Vater wie aus einem Schlaf zu erwachen und erkennt, was er seinem Sohn angetan hat. Voller Reue bittet er den Sohn um Verzeihung. Der Sohn ist überrascht und misstraut noch diesem Gesinnungswandel. Die Wertgestalt nimmt nun Vater und Sohn an den Händen und führt ganz langsam eine Umarmung herbei… Seine eigenen Hände hält er wie schützend über die zwei. Ich „weiß" dass Vater und Sohn sich beide angenommen fühlen. Das wirkt unglaublich befreiend auf mich. Dieses Gefühl der Befreiung spüre ich nun in meinem Kopf und ich lasse mir Zeit, bis es den ganzen Kopf erfüllt… Ich lasse nochmal das Bild des Dinosauriers kommen. Er wirkt jetzt völlig harmlos, träge, zufrieden. Ich spüre zur Dunkelheit hin. Sie scheint nun aus meinem Körper zu strömen, und ich lasse es geschehen, bis ich „weiß", dass sie ganz aus mir verschwunden ist. Dann nehme ich wieder meinen mir gegenüberstehenden Vater wahr. Da spüre ich eine warme Verbindung zu ihm. Mein Kopf ist viel heller, klarer geworden, da ist jetzt viel mehr Weitblick...

Psychische Inhalte erfuhren in dieser Imagination durch Energiezufuhr (Ressourcenaktivierung: Gefühl von Stärke, Durchsetzungsfähigkeit, Fürsorglichkeit) eine neue Ordnung.

4.3 Das Prinzip Gegenwärtigkeit

Alles Leben findet ausschließlich in der Gegenwart statt. Bei Gedanken im Jetzt an die Zukunft stellen sich entsprechend gefärbte Emotionen mit eventuell verknüpften Symptomen ein. Gedanken im Jetzt an die Vergangenheit sind mit aktuell vorhandenen Bildern, Emotionen, Symptomen verbunden. „Es ist nur das wirksam, was *jetzt* gefühlt wird" (Plassmann, 2007a, S. 119).

Die seelische Energie ist mit jenem emotionalen Belastungsmaterial verbunden, das die Klientin aktuell bewegt, unabhängig davon, wann auch immer es sich entwickelt haben mag. Für den Transformationsprozess ist es wichtig, das Hier und Jetzt zu fokussieren und nicht das Dort und Damals. Ganz im Sinne von: Gelöscht wird ein Feuer im Jetzt, unabhängig davon, wann es angezündet wurde (Plassmann, 2011, 2014a).

Reddemann (2007) ergänzt, dass viele Menschen die Ereignisse von damals als unveränderbar halten, was in Bezug auf die äußere Realität auch wahr ist. „Das, was uns heute plagt, ist aber nicht das, was geschehen ist, sondern die Bilder davon in unserem Kopf, und diese Bilder können wir verändern" (S. 57).

4.4 Das emotiozentrische Prinzip

Seelisches Wachstum begünstigen bedeutet mit Emotionen arbeiten. Sie sind das Herzstück psychischer Inhalte und organisieren das mentale Geschehen. Sie bewerten alles, was geschieht – damit geben sie dem Denken, Fühlen und Handeln eine Richtung (Plassmann, 2011, 2014a). Das heißt, Emotionen sind eng verbunden mit der Auffassung von Belohnung oder Bestrafung, Lust oder Schmerz, Annäherung oder Vermeidung, persönlichem Vor- oder Nachteil. Sie gehören untrennbar zur Idee von Gut und Böse (Damasio, 2003).

Emotionale Systeme regulieren die seelische Energie, beeinflussen die Konzentration und Aufmerksamkeit und steuern das menschliche unbewusste

Denkvermögen, welches bekanntlich eine enorme Kapazität hat (Plassmann, 2011). Emotionen haben grundsätzlich *mit* dem Leben eines Organismus zu tun und die Aufgabe, ihn zu unterstützen, am Leben zu bleiben (Damasio, 2003).

Zu den primären oder universellen Emotionen zählt Damasio (2003) Freude, Trauer, Furcht, Ärger, Überraschung und Ekel. Als sekundäre oder soziale Emotionen bezeichnet er Verlegenheit, Eifersucht, Schuld, Stolz und andere. Als Hintergrundemotionen nennt er Regungen wie Wohlbehagen, Unbehagen, Ruhe oder Anspannung. Wobei ein Gefühl eine wahrgenommene, bewusste Emotion ist und Emotion selbst unbewusst ist (Damasio, 2003).

Im Kern eines psychischen Belastungsmaterials befinden sich negative Emotionen. Plassmann (2011) mutmaßt, dass es sich dabei um Informationen handelt, die eine negative Bewertung erfahren, weil sie dem Organismus nicht zuträglich sind. Überstarke negative Emotionen, wodurch auch immer entstanden, haben bis in die Gegenwart keine entsprechende seelische Verarbeitung erfahren und äußern sich in Form von Unwohlsein, Konflikten, Störungen oder Krankheiten. Die mit diesen Emotionen verbundenen Kognitionen sind, wie bereits angedeutet, ebenfalls negativ. Ein unverarbeitbares Übermaß an negativen Emotionen wirkt sich ungünstig auf mentale Verarbeitungsprozesse aus. Im Traumageschehen besonders deutlich erkennbar, wird die emotionale Belastung im Sinne des Selbstschutzes wie ein Fremdkörper abgekapselt, je nach Schweregrad mit entsprechenden provisorischen Bewältigungstechniken gekoppelt und alternative Verarbeitungsprozesse blockiert.

Hinsichtlich zeitlicher Abfolge geht die emotionale Reaktion dem bewussten Wahrnehmen und der Handlung voraus. Erst wird gefühlt, dann wird gedacht. Emotionen verfügen über eine enorme Macht, weshalb die Fähigkeit zur Emotionswahrnehmung und –regulation in Bezug auf seelisches Wachstum von immenser Bedeutung ist.

Positive Emotionen sind protektive Faktoren und gehören zum Ressourcenbereich. Es sind wahrscheinlich jene Informationen, die der Organismus mit erbaulich und nützlich bewertet. Auch Ressourcen werden nur wirksam, wenn sie gefühlt werden. Diese emotionale Präsenz ist signifikant für die Ressourcenaktivierung, mit deren Impulskraft die psychische Reorganisation des Belastungsmaterials in ein gesundes Ordnungsmuster erfolgt (Plassmann 2007, 2011, 2014). Schmid (2010) spricht im Kontext von Gesundheit und Krankheit metaphorisch von einem komplex inszenierten Theaterstück mit körperlichen und psychischen Ressourcen und Krankheitserregern als Schauspieler. Gespielt wird das Stück Gesundheit solange die Ressourcen in der Hauptrolle sind und ein Happy-End im Blickfeld bleibt. Ladenbauer (2012) unterstreicht, dass der Imaginationsprozess ideale Möglichkeiten offeriert, in vorsprachliches Erleben vorzudringen, emotionale Erfahrung zu Sprache werden zu lassen und Transformation anzuregen.

4.4.1 Bipolarität

Die bipolare Natur der Heilungsprozesse zeigt sich deutlich, wenn Ressourcen wieder aktiviert sind und das psychische Heilungssystem in Schwung kommt. Dann passiert es häufig, dass sich das Belastungsmaterial stark verringert oder gar anhaltend reorganisiert wird. Offenbar angeregt durch die bipolare Vorgangsweise (Fokussierung auf Belastung und in zeitlichem Zusammenhang Aktivierung von Ressourcen) setzt ein spontaner, selbstorganisatorischer Heilungsprozess ein, wobei negative und positive Emotionen wechselwirken. Emotionale Systeme suchen stets die innere Balance. Wenn sowohl negative wie positive Emotionen deutlich fühlbar sind, kommt es zu einer inneren Kommunikation, einer Art Schwingung. Dann ist die Kreativität am größten. Daher ist es wichtig, als Beraterin die Rhythmik der Präsenz von Positivem und Negativem nicht dominant zu steuern, sondern ihr achtsam zu folgen. Jedem Belastungsschema steht also im Grunde ein Heilungsschema gegenüber, welches auch für die aktive Selbstregulation genutzt werden kann, indem der Klient sich im Prozessverlauf immer wieder seinen Ressourcen zuwendet. Dadurch erfolgt eine selbständige Regulation der Emotionsstärke. Protektiv wirkt auch immer das Verständnis dessen, was geschehen ist oder geschehen wird. Wobei emotionales Verstehen viel wichtiger ist als die Verstandesebene (Plassmann, 2007, 2011, 2014).

Dieses Zusammenspiel der Emotionen betont auch Grawe (2000) mit dem Verweis, dass emotional negative, neuronale Erregungsmuster zuerst aktiviert werden müssen und dann mit neuen Erfahrungen überschrieben werden können. Damit dies gelingt, ist verstärkte Ressourcenaktivierung bei der Problemkonfrontation besonders wichtig.

C.G. Jung spricht davon, dass „die Eigentätigkeit der Seele erwacht", indem „das Zerstörende sich in das Heilende" wandelt (Kast & Riedel, 2011, S. 269).

In ähnlicher Weise formuliert es Friedrich Hölderlin in seiner Hymne „Patmos": „Wo aber Gefahr ist, wächst Das Rettende auch ...." (Beyer, 2008).

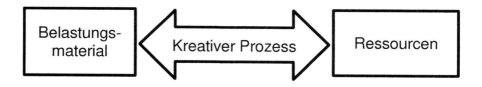

Abb. 2: Das bipolare Prinzip

Fallbeispiel

Ein Mann, Ende Zwanzig, beklagt sein mangelndes Selbstvertrauen und möchte ergründen, weshalb sein Innerer Dialog oftmals negativ gefärbt ist. Ein Auszug aus seiner Imagination:

Ich sehe mich auf einer Anhöhe stehen, ringsum eine Landschaft mit blühenden Obstbäumen an einem sonnigen Frühlingstag. Mir gefällt diese ruhevolle Natur... Erst jetzt entdecke ich rechts in einiger Entfernung eine Art

Erdhaus mit einer Tür und nur einem Fenster. Dieses Haus hat etwas Unheimliches, Bedrohliches. Es macht mir Angst und passt so gar nicht in diese Landschaft ... Nach einiger Zeit bemerke ich, dass sich mir eine menschliche Gestalt von vorne nähert. Es ist eine junge Frau mit langen Haaren, weißem Kleid, barfuß. Ich bin jetzt ganz auf sie fixiert. Sie wirkt elfenhaft. Ein Leuchten scheint von ihr auszugehen. Alle Blumen wenden ihre Köpfe und blicken ihr nach, als sie an ihnen vorübergeht. Sie kommt mir immer näher... Meine Angst ist nicht mehr spürbar, stattdessen nehme ich die Ausstrahlung dieser Frau immer deutlicher wahr. Sie wirkt sehr lieblich, gütig, verständnisvoll mit einer unglaublichen Präsenz, Wärme und Anziehungskraft. Um sie herum knistert alles vor Energie. Es platzt aus mir heraus:" Wer bist Du?" Sie antwortet: „Die Liebe." Ich möchte nie mehr von ihr getrennt sein! Sie küsst mich auf die Stirn und sagt:" Es ist alles gut. Ich bin jetzt da." Ich habe das Gefühl von 1.000 Schmetterlingen in meinem Kopf und weiß, dass ich schon lange auf sie gewartet habe...

Mit ihr an meiner Seite gehe ich nun langsam auf das dunkle Erdhaus zu. Es riecht faulig und schimmlig. Ich erkenne jetzt, dass das Hausinnere feucht, voller Ungeziefer, einfach eklig ist. Ich nehme das alles wahr, aber fürchte mich nicht mehr, selbst als sich nun die Bewohnerin des Hauses als bösartige, alte Frau zeigt. Meine Begleiterin strahlt Kraft, Stärke, Glanz aus. In ihrem Beisein habe ich den Mut und Willen, der alten Frau zu begegnen....

Durch die emotionale Erfahrung von personifizierten positiven Gefühlskräften (Die Liebe) war der Klient bereit, sich mit emotionalem Belastungsmaterial (Erdhaus, alte Frau) auseinanderzusetzen, welches im weiteren imaginativen Prozessverlauf transformiert werden konnte. Negative und positive Emotionen trafen sich sozusagen auf „Augenhöhe", ihre Wechselwirkung wurde in der Imagination sichtbar und für den Klienten in der Folge verstehbar gemacht.

4.4.2 Herzkohärenz

Servan-Schreiber (2006) hält fest, dass es nie zu spät ist, einen verbesserten Umgang mit seinen Gefühlen zu erlernen und Beziehungen zu Mitmenschen zu harmonisieren. Ähnlich wie Bauer (2015) ist er der Ansicht, dass es dazu einer steten Zusammenarbeit und Harmonie der beiden Hirnsysteme, dem kortikalen und dem limbischen – welche er auch als kognitives und emotionales Gehirn bezeichnet – bedarf. Dieses permanente Zusammenspiel erzeugt einen Zustand des Wohlbefindens, der natürlichen Konzentration, in welchem wir in Übereinstimmung mit unseren Werten handeln: das emotionale Gehirn sorgt für die Energie und gibt die Richtung vor, das kognitive Gehirn reguliert die Durchführung. Der Psychologe Mihaly Csikszentmihalyi nennt diesen Zustand auch „Flow". Um ihn zu erreichen, braucht es vor allem eine Optimierung des Herzrhythmus zur Stress- und Angstregulation wie zur Steigerung von Lebensenergie und Vitalität.

Durch seine Fähigkeit, Dinge wahrzunehmen und zu fühlen, beeinflusst das Herz das Gehirn sowie die gesamte Physiologie unseres Körpers (Servan-Schreiber, 2006):

Auf *neurologischer* Ebene, weil 60 % der Herzzellen Neuronen sind, die über die Nerven des autonomen Nervensystems arbeiten (Wyatt, 2013). Peters (2014) spricht von Nervenzellen des Herzens oder dem herzeigenen Gehirn.

Auf *biochemischer* Ebene, weil das Herz als endokrine Drüse Hormone und Neurotransmitter freisetzt, die als Informationsträger fungieren mit Einfluss auf Gehirnfunktion, Körperorgane und Emotionen.

Auf *biophysischer* Ebene durch das Aussenden von Druck- und Schallwellen als Informationsträger.

Auf *energetischer* Ebene, weil das Herz das stärkste magnetische Feld im Körper erzeugt, magnetisch 5000 mal und elektrisch 60 mal stärker als jenes des Gehirns (Wyatt, 2013).

Sind die vier genannten Körpersysteme gut aufeinander abgestimmt, ist unser Herzrhythmus geordneter und verläuft ähnlich einer Sinuskurve. Es besteht eine verstärkte Synchronisation zwischen den beiden Strängen des autonomen Nervensystems und einer Wende hin zu erhöhter Aktivität des Parasympathikus (verantwortlich für Entspannung, Regeneration). Man spricht dann auch von Herzkohärenz, denn die Variabilität des Herzschlags ist äußerst gleichmäßig (Wyatt, 2013). Der Zustand der Kohärenz beeinflusst auch physiologische Rhythmen von Blutdruck und Atmung, welche sich der Herzkohärenz anpassen – vergleichbar mit der Phasenanpassung von Lichtwellen im bereits ausführlich erwähnten Laserstrahl.

Herzkohärenz bedeutet für den Körper demnach „reine Energieeinsparung" (Servan-Schreiber, 2006, S. 65) und „enorme Kraftentfaltung" (Peters, 2014, S. 71). Ein gesundes Herz schwingt um einen Mittelwert. „Es marschiert nicht im Gleichschritt, sondern es ‚tanzt'" (Moser, 2014, S. 57).

Diverse Studien zeigen, dass negative Emotionen starke Pulsschwankungen und körperliches Chaos verursachen. Der Pulsrhythmus wird ungleichmäßig. Positive Emotionen jedoch fördern die Kohärenz. Die Pulsveränderungen, der Wechsel zwischen Beschleunigung und Bremsen, verlaufen gleichmäßig (Servan-Schreiber, 2006). Die Auskünfte, die das Herz zu geben hat, enthüllen sich in seinem Rhythmus (Peters, 2014).

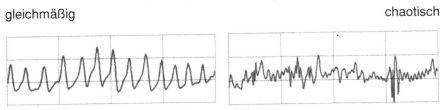

Abb. 3: Herzrhythmen, Kohärenz & Chaos

Studien über die positiven Wirkungen von Kohärenz legen nahe, sich mehr als bisher auf das eigene Innenleben zu fokussieren (Servan-Schreiber, 2006). So ist auch die vorteilhafte Wirkung von Meditation und Gebet auf den menschlichen Organismus mittlerweile intensiv beforscht und gut belegt (Church, 2010; McTaggart, 2013; Schmid, 2010). Ein harmonisches Innenleben ist widerstandsfähiger gegenüber belastenden Einflüssen der Außenwelt. In einem Versuch wurden Freiwillige angehalten, sich eine Situation vorstellen, in der sie Wut erlebten. Allein diese Erinnerung verursachte für Minuten im Herzrhythmus ein Chaos. Umgekehrt, genügt bereits die Vorstellung an ein angenehmes Gefühl oder eine angenehme Situation, um rasch einen Übergang von einem chaotischen Herzschlag zu Kohärenz zu erwirken. Das emotionale Gehirn vernimmt dadurch die Botschaft, dass physiologisch alles in Ordnung ist und verstärkt die Kohärenz des Herzschlags (Servan-Schreiber, 2006). Es pulsiert synchron mit dem Herzen und zeigt bessere kognitive Leistungen (McTaggart, 2013). Dieser Konsens von Herz und emotionalem Gehirn stabilisiert wiederum das autonome Nervensystem – das Gleichgewicht von Sympathikus (steigert den Herzschlag) und Parasympathikus (vermindert den Herzschlag) (Servan-Schreiber, 2006). Das Herz beeinflusst also direkt die Aktivitäten jener Gehirnbereiche, die für die Verarbeitung von Erkenntnissen und Emotionen zuständig sind (Peters, 2014).

In einem naturwissenschaftlich gesicherten, interessanten Experiment des Institute of HeartMath, Kalifornien, wurden Versuchspersonen vor einen Computerbildschirm gesetzt. Der Bildschirm blieb sechs Sekunden schwarz. Dann zeigten sich jeweils für drei Sekunden stark emotional (positiv wie negativ) wirkende Bilder. Zwischen den Bildern blieb der Bildschirm jeweils für zehn Sekunden schwarz. Die Auswahl der Bilder erfolgte zufällig. Bei den Probanden wurden Hautwiderstand, Gehirnwellen und Herzschlag gemessen, um herauszufinden, wo und wann der Körper auf die Bilder reagiert.

Die Experimentatoren stellten fest, dass das Herz als Erstes eine Erregung zeigte, noch Momente *vor* irgendeiner mentalen Aktivität im EEG, wobei beide – Herz und Gehirn – reagierten noch *bevor* das jeweilige Bild auf dem Bildschirm überhaupt erschien.

Es liegt nahe, dass das Herz als Erstes unserer Organe kommende Ereignisse vorausahnen kann und auf ein in der Zukunft liegendes Ereignis reagiert. Es scheint möglich, dass es seine Informationen und Wahrnehmungen dem Gehirn weiterleitet, nicht umgekehrt, worauf das Gehirn dann entsprechend reagiert (Church, 2010; McTaggart, 2013; Peters, 2014).

Rollin McCraty, der Forschungsdirektor des Institute of HeartMath bezeichnet das Herz als „das größte ‚Gehirn' des Körpers" (McTaggert, 2013, S. 99), wobei seine Aussage auch gestützt wird durch die Entdeckung von Neurotransmittern (Botenstoffen) im Herzen, die auf Faktoren höheren Denkens im Gehirn einwirken. Die Ausgeglichenheit unseres Herzens wirkt ständig auf unser Gehirn ein, weshalb auch manche Kardiologen von einem „untrennbaren ‚Herz-Hirn-System'"(Servan-Schreiber, 2006, S. 50) sprechen.

Neuro-kardiologische Forschungsergebnisse sehen das Herz als einen Dirigenten, welcher durch Kommunikation mit Gehirn und Körper diese orchestriert. Nach Untersuchungen des Institute of HeartMath führt das Erleben von Gefühlen wie Wertschätzung, Empathie und Fürsorge anderen und sich selbst gegenüber zu einem Zustand von Herzkohärenz. Gefühle von Frieden, Einheit, Verbundenheit entfalten sich. Die HeartMath-Forscher sind der Ansicht, dass Herzkohärenz den inneren Boden bereitet, im tiefsten Einklang mit eigenen Grundwerten zu leben und sich mit der geistigen Ebene stärker verbunden zu fühlen (Wyatt, 2013).

Denn „das Herz verbindet Materie und Geist wie kein anderes Organ, es ist am meisten geistig und doch ganz und gar körperlich.... Das Bewusstsein bestimmt, was mit der Materie geschieht. Und das Herz ist dabei das bestimmende Organ" (Peters, S.184 –185).

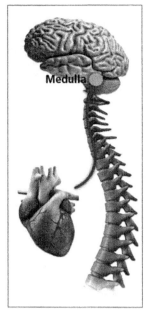 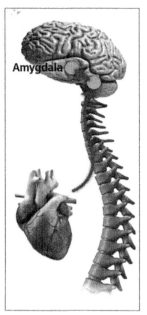 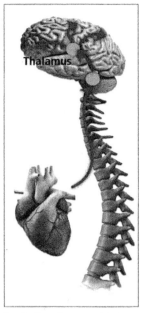

| Zwischen Herz und Medulla (das ist der Teil des Gehirns, der u. a. für die Regulierung des Blutdrucks zuständig ist) besteht eine ständige Verbindung. | Ist die Herzfrequenz-Variabilität inkohärent (chaotisch) wird von der Medulla aus direkt die Amygdala (der für die Entwicklung von Furcht und Aggression zuständige Bereich des Gehirns) angesteuert. Dort werden instinktive, reflexartige Reaktionen ausgelöst (etwa Kampf oder Flucht). | Ist die Herzfrequenz-Variabilität hingegen kohärent (harmonisch), dann wird von der Medulla aus über den Thalamus der gesamte Kortex (der denkende, abwägende Teil des Gehirns) aktiviert. |

Abb. 4: Kommunikation zwischen Herz und Hirn

Fallbeispiel

Eine Mutter, Ende Vierzig, durchlebt derzeit belastende Konfrontationen mit ihrem Sohn im Teenager-Alter aufgrund dessen mangelnder Schulmotivation und Schulfrustration. Folgende Imagination führte sie zu einem veränderten Affekterleben:

Ich sehe meinen Sohn vor mir stehen, mit hängendem Kopf und hängenden Schultern. Er wirkt lustlos, traurig, aber auch trotzig. Sein Anblick rührt mein Mitleid. Doch in meinem Bauch ist auch Ärger, weil ich diesen Trotz nicht richtig finde. Ich blicke auf sein Herz. Es schlägt langsam, eher regelmäßig. Es ist nicht wirklich vital und munter. Es wirkt kraftlos und könnte gar nicht fester schlagen. Ich blicke auf seinen Kopf und nehme sein Gehirn wahr. Hier herrscht Unordnung, vieles passiert gleichzeitig, es gibt keinen Impuls für Prioritäten. Um alle Aufgaben zu erledigen, fehlt die Kraft und Vitalität, weil das Herz nicht richtig versorgt ist. Ich vertiefe meinen Blick in die Mitte des Herzens. Dort zeigt sich mir das Bild meines Sohnes als ängstlicher, unsicherer Schulanfänger. Sein Kerngedanke lautet: „Hoffentlich kann ich das alles schaffen!" Je länger ich dieses Bild betrachte, umso mehr spüre ich, dass mein Sohn etwas aussprechen will. Ich bin bereit, ihm zuzuhören. Da verändert sich das Bild:

Mein Sohn schmeißt die Schultasche von sich, zeigt sich jetzt richtig wütend und verärgert und beklagt sich, dass er für den Schuleintritt aufgrund der elterlichen Entscheidung ein zusätzliches Jahr warten musste. Er wollte das selber entscheiden. Es ärgert ihn, dass die Eltern ihm kein Mitspracherecht einräumten und über ihn hinweg entschieden haben. Voller Wut bekräftigt er, dass er sich nichts mehr vorschreiben lassen will.

Ich bin richtig verblüfft. Das habe ich wirklich nicht erwartet. Schließlich höre ich mich antworten und unsere Beweggründe für den späteren Schuleintritt erläutern. Mein Sohn antwortet und bedauert, dass wir ihm keine Entscheidungsfähigkeit zutrauten. Ich spüre und bekenne, dass wir ihn nicht genug wahrgenommen haben. Aufrichtig kann ich ihm sagen, dass es mir sehr leid tut…

Da kommt mein Sohn auf mich zu, umarmt mich und sagt: „Ich möchte in Zukunft ernster genommen werden!"… Fest drücke ich ihn an mich… Nach einiger Zeit lösen wir uns voneinander, und da steht er wieder vor mir. Er wirkt jetzt befreiter und selbstbewusster, als sagte er: „Ich kann meinen Weg gehen, auch wenn es schwierig wird."

Sein Herz regeneriert sich. Ich weiß, es ist auf einem guten, kraftvollen Weg.

In seinem Gehirn erkenne ich jetzt mehr geordnete Abläufe. Noch gibt es viel zu tun, aber es ist auf dem Weg zu mehr Ordnung und Struktur.

Ich erinnere wieder das erste Bild meines Sohnes mit hängenden Schultern. Es hat sich verändert – er steht jetzt aufrechter da, wirkt freier, selbstbewusster, mit einem Funkeln in den Augen. Dieser Anblick von ihm stimmt mich fröhlich. Ich empfinde keinen Ärger mehr und dem Mitleid ist jetzt Freude gewichen.

Im Nachgespräch spürte die Klientin große Erleichterung und Zuversicht. Diese Imagination erlaubte einen Einblick in ein mögliches Herz-Hirn-Zusammenspiel und führte die Klientin in einen Zustand positiver emotionaler Gestimmtheit (erhöhte Herzkohärenz).

4.4.3 Neuroplastizität

Emotionale Bewertungen von Situationen und Lebensereignissen werden von Hirnregionen im Präfrontalkortex (Stirnhirn) und im limbischen System vorgenommen. Dadurch wird Annäherungs- oder Vermeidungsverhalten gesteuert, das jeweilige Verhalten verankert und verstärkt. Werden wir z. B. mit positiven Emotionen konfrontiert, sendet das korrelierende Hirnareal blockierende Signale an die Amygdala (Angstzentrum) und andere Teile des neuronalen Gefahrensystems. Das hat zur Folge, dass wir uns entspannen und fähig sind, emotionalen Konsens herzustellen (Birbaumer, 2015). So sind in den Netzwerken des Präfrontalen Cortex Informationen – Bauer (2015) spricht von Vorstellungen, inneren Bildern – über andere Menschen gespeichert. Diese Netzwerke sind mit dem Belohnungssystem des Gehirns verknüpft, welches Glücksbotenstoffe freisetzen kann. Bei ausreichend guten Erfahrungen schätzen wir die Anwesenheit von anderen Menschen und erwägen deren Denkweisen für die eigene Entscheidungsfindung (Bauer,

2015). Wer vorwiegend von kommunikativen und wohlgesonnenen Menschen umgeben ist, dessen Gehirn wird auf freundliche Interaktion gepolt. Wer hingegen vor allem leidvolle Beziehungserfahrungen mit bösartigen, destruktiven Menschen macht, wird eher ein Gehirn entwickeln, das vorwiegend auf Bösartigkeit geeicht ist (Birbaumer, 2015).

„Allen psychischen Prozessen liegen spezifische neuronale Strukturen und Vorgänge zu Grunde" (Grawe, 2004). Es ist überaus sinnvoll, die signifikante Arbeitsweise des Gehirns mit seiner enormen Plastizität zu beachten und für seine Selbstheilung zu nutzen, indem notwendige Impulse auf die richtigen Hirnareale gelenkt werden (Birbaumer, 2015).

„Neuro" bezieht sich auf „Neuron", der Nervenzelle im Gehirn und im Nervensystem. Neuronen kommunizieren durch elektrische Aufladung miteinander, indem sie „feuern". Das Gehirn baut zwischen den Neuronen elektrische Ladungen auf und leitet sie weiter (Birbaumer, 2015). „Plastizität" steht für Veränderbarkeit, Wandelbarkeit, Formbarkeit. „Neuroplastizität" meint also die Fähigkeit des Gehirns, seine Struktur und Funktion infolge geistiger Aktivität zu verändern (Doidge, 2014).

Birbaumer (2015) formuliert die These, dass das Gehirn grundsätzlich gänzlich gleichgültig ist, es jedoch in Situationen auf jene Handlungsoptionen zurückgreift, die den besten Effekt erwarten lassen oder erfahrungsgemäß gewünschte Effekte brachten. Das Wesen des Gehirns gründet sich darin, dass es etwas erreichen, bewegen, bewirken will. Es *will* Belohnung erhalten, sich zu guten Gefühlen verhelfen. Unser Gehirn formt sich anhand der im Laufe des Lebens gefundenen Lösungen (Hüther, 2015). „... dem Gehirn ist es ... ziemlich egal, ob das, wovon jemand überzeugt ist, auch wirklich stimmt", so Hüther (2015, S. 86). Die enorme Plastizität des Gehirns erlaubt es ihm, sich immer auf neue Anforderungen einzustellen, sich anzupassen und neu zu orientieren – wie Versuche bestätigen auch im Alter. Neue Gehirnzellen entstehen bis ans Lebensende. Anfangs vollkommen gleichgültig in Bezug auf die Welt, erfährt das Gehirn erst in ständigem Austausch mit seiner Umwelt, was ihm wichtig und nützlich ist. Es sind reale Erfahrungen und konkrete Erfolgserlebnisse, auch Strafen, Enttäuschungen und Entmutigungen, die ein Gehirn laufend aufs Neue formen, verändern und seine Strukturen prägen können (Birbaumer, 2015; Doidge 2014).

Wenn wir mit der Hand ein Glas umfassen, können wir es festhalten. Gelänge dies nicht, würde unser Gehirn keine passenden Befehle mehr aussenden und unsere Hand bliebe regungslos. Hirnareale, die keinen Effekt bringen und nicht mehr von Nutzen sind, werden „überschrieben und verkümmern schließlich" (Birbaumer, 2015, S. 134). Diese Tatsache ist als neurobiologische Grundregel „Use it or lose it" bekannt geworden (Bauer, 2015, S. 22). Der erwartete, emotional positiv bewertete Effekt spielt also eine zentrale Rolle in der Tätigkeit des Gehirns.

Bei Menschen mit Angststörungen verhält es sich auf den ersten Blick umgekehrt. Sie vollziehen unpassende und unnütze Handlungen, die vordergründig keinen sinnvollen Effekt haben. Als Beispiel nennt Birbaumer u. a. die Spinnenangst, auch den Waschzwang oder posttraumatische Störungen. Das Kernproblem dieser Störungen ortet er schlichtweg als Kommunikationsproblem: Das kognitive Wissen um die Sinnlosigkeit eines Handlungsmusters befindet sich isoliert in den oberen Großhirnregionen, ohne Verbindung zu den tieferen Arealen, wo die Angst herrscht. Es findet keine Kommunikation mehr statt. Diese Menschen haben keine Kontrolle über ihr sinnloses Tun. Auch wenn der erzielte Effekt des Flucht- und Vermeidungsverhaltens nicht sinnvoll und angemessen erscheint, wird er doch als gewinnbringend wahrgenommen, weil er *Erleichterung* von der tief sitzenden Angst verschafft.

Zudem verstärkt sich mit jeder ausgelebten Handlung die Aktivierung und Erregung der Furchtregionen im Gehirn und damit einhergehend verstärkt sich die Hemmung auf andere Hirnareale. Die Verbindung vom übertrainierten Furchtsystem zum angsthemmenden System wird gestärkt, die entgegengesetzte Richtung verkümmert jedoch (Birbaumer, 2015). Hüther (2005) spricht metaphorisch davon, dass sich in unserem Gehirn ein Weg zu einer Autobahn entwickelt hat. Im Sinne gekonnter Selbststeuerung sollten jedoch beide Systeme, Tanzpartnern gleich, zusammenarbeiten und sich Impulse wie Selbstkontrolle harmonisch ergänzen. Eine derartige Selbststeuerung entspricht nicht nur persönlicher Zufriedenheit, sondern stellt auch eine machtvolle medizinische Heilkraft dar (Bauer, 2015).

Das Gehirn muss also lernen, dass die gemiedenen Handlungen und Situationen keine befürchteten Folgen haben, sondern auch unerwartete, erwünschte Effekte erzielen können. Es gilt, den stabilen Angstmechanismus im Gehirn zu überschreiben (Birbaumer, 2015). Denn obwohl einmal gefestigte neuronale Schaltkreise die Tendenz haben, sich selbst zu erhalten und sogar zu einer Art geistigen Starre führen können, so haben sie doch immer auch das enorme Potential zur mentalen Flexibilität, was allzu oft unterschätzt wird (Doidge, 2014). So wie Grawe (2004) feststellt, dass es einen Ausgleich zur Vermeidung benötigt, einen das Annäherungssystem stärkenden Gegenpol, ohne welchen keine Hemmung der Angstreaktionen erfolgen kann.

Der Gehirnforscher Alvaro Pascual-Leone konnte zeigen, dass festgefahrene Bahnen schneller als erwartet zurückgelassen werden können und sich demnach neuroplastische Änderungen mit überraschender Geschwindigkeit einstellen. Dazu braucht es eine Art „mentale Straßensperre" (Doidge, 2014, S. 211), um einen anderen Weg einzuschlagen. Er ließ sehende Freiwillige fünf Tage lang Augenbinden tragen und kartografierte dann ihr Gehirn. Dabei stellte er fest, dass die Sehzentren nunmehr Tastreize der Hand verarbeiteten – wie bei Blinden, welche die Braille-Schrift lernen. Das Sehzentrum begann bereits nach zwei Tagen mit der Verarbeitung von Hör- und Tastwahrnehmungen. Erstaunlicherweise erzählten die Versuchspersonen auch von visuellen Wahrnehmungen, also inneren Bildern, wenn sie sich bewegten, Geräusche hörten oder Berührung spürten. Grundbedingung war

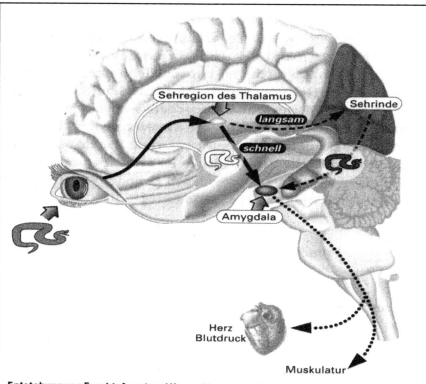

Entstehung von Furcht, Angst und Vermeidung im Gehirn
Am Beispiel des Anblicks einer gefährlichen Schlange wird der Verlauf der Nervenerregungen vom Auge ins Gehirn und den Körper vereinfacht dargestellt. Zunächst erreicht der Sehinhalt in wenigen Millisekunden das Zwischenhirn (Pfeil vom Auge ins Gehirn), vor allem den Thalamus, der eine erste unbewusste Vorverarbeitung einleitet und eine Grobkopie des Wahrnehmungsinhaltes »Schlange« an die Amygdala weitergibt (dicker schwarzer Pfeil), welche die für Verteidigung-Aggression oder Vermeidung-Flucht zuständigen Körperregionen (Muskulatur, kardiovaskuläres System, unten links) aktiviert (gepunktete Pfeile). Diese Körpererregungen werden an das Großhirn rückgemeldet (hier der Übersichtlichkeit halber nicht dargestellt), und ein wenig später (nach ca. 200 Millisekunden) werden auch die Sehrinde des Großhirns (gestrichelter Pfeil vom Thalamus) und die ihr angeschlossenen Gedächtnisregionen aktiviert, nun erst werden die Angst und ihre Ursache bewusst (gestrichelter Pfeil zur Amygdala).

Abb. 5: Gehirnaktivität bei Angst

absolute Dunkelheit von außen. Sobald nur ein Lichtstrahl von den Augen wahrgenommen wurde, verarbeitete das Sehzentrum vorzugsweise diesen statt der Hör- und Tastwahrnehmungen. Eine solche rasche Umstrukturierung ist deshalb möglich, weil die unterschiedlichen Hirnareale nicht auf die Verarbeitung genau definierter Sinneswahrnehmungen fixiert sind und Aufgaben übernehmen können, für welche sie ursprünglich nicht vorgesehen sind. Teile des Gehirns können demnach für verschiedentliche Aufgaben benutzt werden, denn Hirnregionen sind dynamisch (Birbaumer 2015, Doidge, 2014).

In einem weiteren Experiment setzte Pascual-Leone eine Gruppe von Anfängern fünf Tage jeweils zwei Stunden vor ein elektronisches Klavier, welche sich nur *vorstellten*, die Tonfolge zu spielen und zu hören. Eine andere Gruppe von Anfängern durfte die gleiche Zeit real üben. Dabei stellte er anhand von Aufnahmen ihrer Gehirne fest, dass sich ihre Gehirnkarten des Bewegungszentrums auf ähnliche Weise umstrukturiert hatten. Aus Sicht des Gehirns besteht demnach kein großer Unterschied zwischen Denken und Handeln. Stellen wir uns mit geschlossenen Augen den Buchstaben „A" vor, wird unser Sehzentrum aktiv, als würden wir diesen Buchstaben tatsächlich sehen. Die Vorstellung einer Handlung aktiviert nahezu dieselben Hirnareale wie die Ausführung einer Handlung. Mittlerweile gibt es zahlreiche Experimente, welche belegen, dass allein mentale Übung und Vorstellungskraft die physische Struktur unseres Gehirns verändern können. „Das Imaginieren setzt zum großen Teil dieselbe neuronale, hormonelle und immunologische Maschinerie in Gang" (Schmid, 2010, S. 27) wie eine tatsächliche Sinneswahrnehmung.

Was immer wir uns vorstellen, hinterlässt körperliche Spuren. „Noch verstehen wir zwar nicht genau, wie Gedanken die Struktur unseres Gehirns verändern, doch wir wissen, dass sie es tun" (Doidge, 2014, S. 215).

Basierend auf den Erkenntnissen der Konfrontationstherapie ist Birbaumer (2015) in Bezug auf die Behandlung von Ängsten, aber auch Depressionen oder Süchten der Meinung, dass für eine nachhaltige Überschreibung oder Umstrukturierung eine emotional intensive Konfrontation notwendig ist. Das Gehirn braucht ein starkes, emotionales „Aha-Erlebnis" (S. 145), damit es unmittelbar das Ausbleiben der befürchteten Wirkung mitsamt der damit verbundenen Affekte erfährt. Die sinnlosen Handlungsmuster bleiben dann zwar noch als Erinnerungen im Gedächtnis vorhanden, allerdings ohne entsprechende affektive Aufladung. Stauss (zit. nach Madert, 2007, S. 279) nennt das, in einem „emotionalen Aufruhr" sein. Auch Hüther (2012) betont, das für das Zustandekommen einer neuen Erfahrung generell die Verankerung eines kognitiven *und* gleichsam emotionalen Netzwerkes im Gehirn notwendig ist, da Erlebnisse ohne emotionale Aktivierung bedeutungslos bleiben. Diese als innere Bilder im Gehirn gespeicherten neuronalen Netzwerke sind aus Lebenserfahrungen entstanden und entsprechen den Mustern, die unser Denken, Fühlen und Handeln bestimmen. Wenn es darum geht, menschliche Überzeugungen, Haltungen und Einstellungen zu verändern, so geht es um die Transformation dieser neuronalen Verschaltungsmuster (Hüther, 2005).

Nach Dorst und Vogel (2014) ergeben sich durch die unzähligen Möglichkeiten neuronaler Verschaltungen, welche das Gehirn als offenes System bietet, hohe Freiheitsgrade für die Entwicklung von Imaginationen, für das Entstehen von Neuem und Unerwartetem. Dysfunktionale Muster und Interpretationen in Bezug auf Welt- und Selbstbild können durch Imaginationen neu geordnet werden.

Dazu Hüther (2012):

> Die Klienten ... machen eine eigene, aus ihrer eigenen, bildhaften Vorstellungswelt generierte, kognitiv-emotional gekoppelte Erfahrung. Und die stärkt bzw. reaktiviert ihre im präfrontalen Kortex verankerte Haltung von Selbstwirksamkeit: ‚Es geht!', ‚Ich kann den mir zugefügten Schmerz überwinden, kann das leidvoll Erfahrene jetzt mit anderen Augen betrachten. (S. 14)

Fallbeispiel

Eine Frau, Anfang Zwanzig, wurde im Vorschulalter vom eigenen Hund ins Gesicht gebissen. Seit damals reagiert sie auf Hunde u. a. mit Erstarrung und Unfähigkeit zu klarem Denken. Nachdem ihr neues berufliches Umfeld auch Begegnung mit Hunden erfordert, blockiert dieses Verhalten jedes Mal ihre Arbeitsfähigkeit. Ich führe sie durch folgende Imagination, deren Einstiegsbild eine Wiese ist:

Ich sehe eine Wiese voller wilder Blumen, in deren Mitte eine gewaltige Eiche steht. Dieser Baum strotzt vor Lebensenergie und Kraft. Ich lege meine Handflächen auf seinen mächtigen Stamm. Seine starke Energie fließt als gelb-weiße Lichtfarbe in meinen Körper. Besonders mein Kopf und meine Schultern lechzen nach dieser Energie. Ich nehme mir Zeit, mich richtig vollzutanken mit dieser Lichtfarbe... Der Baum scheint mir zu sagen: „Sei stark und glaube an Dich!" Ich lehne mich mit meinem Rücken an den Baum. Es entspannt mich, auch fühle ich mich kraftvoller. Ich blicke nun auf mich selber, die ich panische Angst vor Hunden habe. Vor mir zeigt sich ein kleines Mädchen mit verschrecktem, ängstlichem Ausdruck. Doch hinter dieser Fassade erscheint sie mir grundsätzlich auch neugierig und lebensfroh zu sein. Vor allem liebt sie ihren eigenen Hund. Das Herz des Mädchens strotzt vor Kraft und Energie, hat allerdings auf der linken Seite einen kleinen, schwarzen Fleck. Dort ist das Herz zerfressen. Ich schaue mir diesen Fleck genauer an und erkenne, dass sich in seiner Mitte ein quadratischer Gegenstand befindet, den ich nicht näher festmachen kann. Dieser Gegenstand ist wie ein spitzer Stein in einem Schuh... Ich weiß, dass er diesen schwarzen Fleck verursacht. Zu diesem Quadrat gehört ein Satz: „Ich habe Angst." Aber dieser Satz gehört ursprünglich nicht zu mir – er gehört zu meiner Mutter! Es zeigt sich meine Mutter jetzt als jüngere Frau. Ich erkenne eindeutig, dass das „ihr" Satz ist und weiß, dass ihr die Lichtfarbe royalblau helfen kann. Ich beobachte, wie meine Mutter von royalblauer Farbe durchdrungen und umhüllt wird... Ich freue mich für sie, denn ihre Ausstrahlung verändert sich. Sie *wirkt fröhlicher und entspannter, mit mehr Tatendrang. Zu ihr gehört jetzt ein anderer Satz, nämlich: „Ich habe Kraft!"*

Ich blicke wieder zum Herzen des Mädchens und darf beobachten, wie der dunkle Fleck immer kleiner wird und schließlich ganz verschwindet. Das Mädchen selbst ist viel weniger ängstlich, ja es strahlt sogar. Ich umarme das Kind herzlich und werde eins mit ihm… Ein ganz warmes Körpergefühl durchflutet mich.

Ich sehe mich nun wieder rücklings an die Eiche gelehnt und lade einen Hund ein, auf die Wiese zu kommen. Ein beklemmendes Gefühl macht sich in mir breit, doch ich darf bestimmen, wie weit der Hund mir nahe kommen darf und der Hund gehorcht… Schließlich steht er ganz nah vor mir und blickt mich an. Meine Beklemmung ist gewichen. Ich spüre, dass es mir gut geht. Ich habe keine Angst, sondern Respekt! Der Baum stärkt meinen Rücken mit der Botschaft: „ Du schaffst das!" So verweile ich noch eine Zeit lang….

Es ist anzunehmen, dass in dieser Imagination das Gehirn der Klientin einen neuen Effekt in der Begegnung mit Hunden gelernt hat. Seither begegnet die Klientin Hunden nämlich deutlich entspannter und das hält bis heute (10 Monate später) an. Es war ihr sogar möglich, einen Hund zu streicheln.

4.4.4 Zellaktivität

Für Lipton (2014a) sind Emotionen die Sprache der Zellen. Er betrachtet Zellen als Lehrmeister für den menschlichen Mechanismus. Ein 1989 veröffentlichtes Experiment zur Zellkommunikation liefert diesbezüglich interessante Ergebnisse: Einem Pearl-Harbour-Veteranen wurden aus der Wangenschleimhaut weiße Blutkörperchen entnommen und in eine Nährlösung gegeben. Die Nährlösung wurde zuerst in einen anderen Raum und dann an einen mehrere Kilometer entfernten Ort gebracht. Während sich der Proband einen Film über die Ereignisse von Pearl Harbour ansah, wurden zeitgleich bei ihm als auch bei den entnommenen Zellen die elektromagnetischen Aktivitäten gemessen. Selbst über die große Entfernung hinweg reagierten die entnommenen Blutkörperchen gleich stark und zeitgleich wie der Körper, zu dem sie gehörten – selbst dann noch, wenn sich die entnommenen Zellen elektromagnetisch abgeschirmt in einem Faradayschen Käfig befanden. Weitere Experimente bestätigten dieses Ergebnis, wobei man auch entdeckte, dass die Zellkommunikation weit über 500 Kilometer funktionierte. Offenbar scheint es eine sehr gute Verbindung zwischen dem Gesamtorganismus und jeder seiner Zellen, sogar über Entfernungen hinweg, zu geben. Bemerkenswert dabei ist, dass die Emotionen der Probanden als Information bis in jede einzelne Zelle übermittelt werden und dort vorhanden sind (Peters, 2014).

Bekanntlich sind die Hauptbestandteile einer Zelle: der Zellkern mit seiner genetischen Information, die energieproduzierenden Mitochondrien, dazwischen das Zytoplasma und die schützende Membran als Haut der Zelle. Zellen suchen aktiv eine lebensfördernde Umgebung und meiden lebensfeindliche Situationen. Aus einer Vielzahl von Umweltreizen wählen sie angemessene Verhaltensweisen, um ihr eigenes Überleben sicherzustellen.

Ein besonderes Augenmerk hinsichtlich Kommunikation gebührt der Zellmembran. Sie entspricht einem flüssigen, kristallinen Halbleiter mit Toren und Kanälen und ähnelt einem Computerchip. Das heißt, Zellen sind programmierbar und der Programmierer befindet sich außerhalb der Zelle. Es ist die Zellmembran, welche im Dienste der Zelle auf jedes Umweltsignal reagiert und die Zelle mit Energie versorgt. Solche Umweltsignale können im Außen wahrgenommen werden oder als Emotionen, Genuss, Leiden dem Körperinneren entstammen. Wird die Zellmembran eliminiert, stirbt die Zelle sofort. Zellen werden durch die Umgebung beeinflusst, in der sie leben, wobei sie sich den Entscheidungen der höchsten körperlichen Wahrnehmungsautorität unterwerfen müssen. Schließen sich die Zellen zu mehrzelligen Gemeinschaften zusammen, handeln sie entsprechend, auch wenn ihnen selbstzerstörerisches Verhalten abverlangt wird (Lipton, 2014a).

Täglich verschleißen Milliarden der ca. 50 Billionen Körperzellen und müssen ausgetauscht werden. Für diese Zellerneuerung braucht es eine bestimmte Menge an Energie, genauso wie für die Überlebensmechanismen Wachstum und Schutz, die beiden maßgeblichen zellulären Reaktionen auf Umweltsignale.

Lipton (2014a) beobachtete, dass Zellen, denen er in einer Petrischale Nährstoffe beigefügte, sich auf diese zu bewegten, was eine Wachstumsreaktion charakterisiert. Wachstumsprozesse bedingen einen offenen Austausch des Organismus mit seiner Umgebung (z.B. Nahrungsaufnahme), wobei Energie nicht nur verbraucht, sondern auch produziert wird.

Außerdem entdeckte Lipton (2014a), dass Zellen, denen er in eine Petrischale Gifte gab, sich zurückzogen, was einer Schutzreaktion entspricht. Analog zu den Zellen, die nicht in der Lage sind, sich gleichzeitig vorwärts und rückwärts zu bewegen, können auch Menschen ihren Wachstumsimpuls nicht zur Gänze aufrechterhalten, wenn sie in eine Schutzreaktion wechseln. Der Wachstumshaltung wird immer Energie zugunsten der Schutzhaltung entzogen. Eine Schutzreaktion bedeutet immer die Schließung des Systems, um es vor bedrohlichen Signalen zu isolieren. Eine längere Schutzhaltung unterbindet demnach die Erzeugung lebensbewahrender Energie – das heißt: chronischer Stress kostet Lebenskraft. Schmid (2010) beschreibt Stress als „psychisch induzierte Überforderung der Immunabwehr" (S. 45). Wie viele Körperzellen eine Schutzhaltung leben, hängt von der Intensität der wahrgenommenen Bedrohung ab.

„Um zu blühen und zu gedeihen müssen wir nicht nur die Stressfaktoren loswerden, wir müssen auch aktiv nach einem freudvollen, liebevollen, erfüllenden Leben streben, das uns Wachstumsreize vermittelt" (Lipton, 2014a, S. 146). Von entscheidender Bedeutung sind dabei unsere Einstellungen, Hoffnungen, Glaube, Tatkraft, Beziehungsgestaltung und Sinnfindung (Schmid, 2010).

Fallbeispiel

In einer Gruppenimagination zum Thema „Stress" imaginieren die Teilnehmer jene Körperzelle mit dem höchsten Stresspotential. Ein Auszug aus den wahrgenommenen Inneren Bildern einiger Teilnehmer:

Mann, Ende Vierzig:

Diese Körperzelle befindet sich im Magen. Sie zeigt sich als schwarzes, tobendes, sich wild herumwerfendes Ungetüm, wie ein gefangenes, wildes Tier. Ihr Verhalten verletzt die umliegenden Zellen, weshalb sich mittlerweile zwischen der Stresszelle und den anderen Zellen eine Art Schutzmauer gebildet hat. Der Kerngedanke dieser Stresszelle lautet „Ich will zerstören". Sie zeigt sich als Stresszelle seit ich ca. fünf Jahre alt bin. Vorher war sie friedlich, geordnet, symmetrisch. Ich sehe das friedliche Bild eines französischen Landhauses mit Rosengarten vor mir.

Frau, Mitte Dreißig:

Diese Körperzelle befindet sich in meinem rechten Ohr. Sie hängt fiebrig, mit aufgeschwollenen Lippen, Armen und Beinen verzweifelt an einer Decke, muss sich krampfhaft festhalten und führt ein Eigenleben, ohne Kontakt zu anderen Zellen. Ihr stärkster Gedanke heißt „Ich bin für jedes Weh der rechten Körperseite verantwortlich". Sie lebt in dieser Form seit einem Unfall mit schwerer Oberschenkelfraktur rechts im Alter von 17 Jahren. Dieses Ereignis hat die Zelle schwer gestresst. Ohne diesen Stressfaktor wäre sie klein, ganz rosa, liebt klassische Musik und integriert sich im Zellverband.

Frau, Mitte Vierzig:

Diese Stresszelle befindet sich in meinen Stimmbändern im Hals. Sie zeigt sich als ockerfarbener Klumpen, der im ganzen Körper die Fäden zieht. Sie mischt mit bei Kopfschmerz, Bauchweh, dem Herzschlag. Mein Körper macht sich jetzt auch ziemlich stark bemerkbar. Die Zelle ist in dieser Form seit meinem dritten Lebensjahr und ihr Kerngedanke lautet „Lass mich in Ruhe. Ich will nicht."

Ohne Stressfaktor wäre sie wie ein schöner, strahlender Diamant, welcher Harmonie und Ruhe im Körper verströmt.

Die inneren Bilder von diesen Zellen mit höchstem Stressfaktor zeigten sich immer mit negativer Konnotation und mit negativer Kognition verknüpft. Wobei der Stressfaktor in den Imaginationsbeispielen nicht anfänglich, sondern erst im Laufe des Lebens dazugekommen ist und auf die Zelle einwirkte. In Kapitel 5, Pkt. 5.1. ist eine Fortsetzung dieser Imaginationen angeführt.

Fallbeispiel

Eine Frau, Anfang Dreißig, wird von ihrem Inneren Kritiker geplagt und möchte freier werden von Selbstverurteilungen. Sie erinnert und taucht emotional ein in eine sich kürzlich zugetragene Situation, in welcher die kritische Stimme in ihr wieder besonders laut war. Die Klientin benennt das Gefühl der Angst und die dazugehörigen Glaubenssätze:

„Ich kann das nicht. Es ist zu viel. Ich blamiere mich. Ich stelle mich ungeschickt an." Ich spüre eine Beklemmung im Brustbein, die hoch zieht bis in den Kopf. Ich kann weder befreiend atmen noch gerade denken. Ich sehe jetzt jene Körperzelle, in welcher diese Angst am stärksten vorhanden ist. Sie zeigt sich mir ganz verkapselt, wie ein hartes Stahlkügelchen. Ich erahne, dass dieses Bild etwas mit Ohrfeigen zu tun hat. Die Ohrfeigen sind der Schuss, das Stahlkügelchen das Projektil. Diese Angstzelle stört die umliegenden Zellen, die sich eine extra dicke Wand zugelegt haben, um sie zu isolieren...

Jetzt tauchen Zellen der Liebe auf. Sie kennen keine Angst. Wie ein Ball gruppieren sie sich um die eine Angstzelle. Die Zellen der Liebe leuchten in einem kräftigen Orange-Rot. Da sehe ich ein Feuer. Das Stahlkügelchen bläht sich auf, verpufft, wird Rauch nach oben. Der Rauch löst sich auf, das Stahlkügelchen ist weg ...Ich lasse das ein wenig auf mich wirken und spüre ein Gefühl der Erleichterung ... Die Zelle ist nun keine Angstzelle mehr. Sie zeigt sich in einem weichen Blau, mit mehreren Ecken. Ich spüre den Drang, in dieses Blau hinein zu tauchen. Ich tue es ...

Da zeigt sich vor mir eine leuchtend weiße Blume, die wie eine weibliche Gestalt aussieht. Jetzt erkenne ich eine weiß gekleidete Elfe. Sie wirkt sanft, ruhig, eins mit sich, auch ewig, alterslos. Ich frage sie, was die Ohrfeigen zu bedeuten hatten. Sie antwortet mir, dass das meine an mich selbst gerichteten Ohrfeigen waren, wenn ich mich selbst klein gemacht, gescholten und verurteilt habe. Nachdenklich lasse ich ihre Worte nachklingen. Mir erscheint ihre Antwort sehr stimmig...

Wir umarmen uns und verschmelzen miteinander ... Ein Gefühl von ruhiger Freude und Sicherheit durchströmt mich. Ich kann viel tiefer atmen. Da ist Platz, Weite, Helligkeit in meinem Brustraum. Der Kerngedanke im Brustraum lautet jetzt: Ich habe Platz!

Eine Imagination auf zellulärer Ebene, welche zur kognitiven Neubewertung beigetragen hat. Interessant der Einfluss sogenannter „Liebeszellen" (Ressourcenkraft) als Gegenpol zur „Angstzelle" (emotionale Belastung), die sich anfangs in einer Schutzhaltung gezeigt hat: Die alleinige Anwesenheit und Positionierung der „Liebeszellen" um die „Angstzelle" herum bewirkte die Transformation der angstbesetzten Zelle. Erst nach der Transformation konnte sich symbolhaft eine „Elfengestalt" mit den Attributen von Ruhe, Sanftmut, Einklang mit sich selbst zeigen. Diese Imagination gibt Grund zur Annahme, dass in jeder Dunkelheit auch Licht ist.

4.5 Rhythmus und Schwingung – Chronobiologie

Bezugnehmend auf die Selbstorganisationsforschung in der Biologie hält Plassmann (2011) fest, dass Lebensvorgänge ihrem innersten Wesen nach

Schwingungen und Rhythmen entsprechen, beispielsweise Blutdruck, Stoffwechsel oder neuronale Vorgänge. Auch innere Kommunikationsprozesse zeigen Rhythmen und Tempi, ähnlich dem Zusammenspiel von Musikern eines Orchesters, mit einem beständigen Schwingen zwischen dem Körperlichen, dem Emotionalen und dem Sprachlichen.

Auf gesunder Ebene zeigt sich dabei analog zur Herzkohärenz eine spielerische, leichte Varianz – nie starr, nie chaotisch. So vollziehen sich seelische Heilungsprozesse ebenso in einem rhythmischen Kontext, weshalb Plassmann (2011) die These vertritt, dass Rhythmus, also Schwingung, ein universelles Ordnungsprinzip ist. Biologische Systeme zielen beständig auf kohärente Rhythmen in ihren Subsystemen wie auch in ihrem Umfeld ab. Auch Peters (2014) spricht vom Menschen als rhythmisches Wesen. Er verwendet als Metapher das Bild eines riesigen, vielschichtigen Mobiles mit zahlreichen beweglichen Elementen. Sobald ein Element bewegt wird, hat das Auswirkungen auf den Schwingungszustand aller anderen Elemente bis sich ein neuerliches Gleichgewicht einstellt. Diese Metapher verdeutlicht die Verflechtung aller Lebensprozesse wie Lebensrhythmen miteinander. So sind alle Rhythmen im Körper miteinander gekoppelt im Dienste harmonisch ablaufender Steuerungsprozesse und der Aufrechterhaltung eines ganzheitlichen Gleichgewichtes (Peters, 2014).

Aufgrund der Erkenntnisse des jungen Forschungsgebietes der Chronobiologie, welche biologische Rhythmen untersucht, verfestigt sich immer mehr der Grundgedanke, dass im Organismus alles stets ein- und ausschwingt (Homöodynamik) und nicht wie bisher angenommen, der Organismus bestrebt ist, einen starren Idealzustand konstant zu halten bzw. nach einer Störung dorthin zurückzufinden (Homöostase). Es wird auch immer deutlicher, dass Koordination als ein Grundprinzip der Körperrhythmik verstanden werden muss, deren viele Teile zu einem Ganzen zusammenwirken. Hinsichtlich Schlafqualität zeigen z. B. Untersuchungen, dass ein Schlaf nur dann erholsam ist, wenn sich ruhige Schlafphasen mit unruhigen Traumschlafphasen rhythmisch im Abstand von ca. 90 Minuten abwechseln.

Es ist also die gelungene Abwechslung von Chaos, welches Freiheit bietet und schöpferisches Potential hat, und Ordnung, welche Sicherheit und Stabilität gibt, die für Lebensqualität und Gesundheit unseres Organismus ausschlaggebend sind. „panta rhei = ‚alles fließt', alles schwingt im Organismus" (Moser, 2014, S. 53).

4.6 Das Prinzip Körperlichkeit

Für Servan-Schreiber (2006) ist der Körper das wichtigste Betätigungsfeld des emotionalen Gehirns, weshalb sich emotional belastende Situationen auch auf körperlicher Ebene zeigen. Denn jeder Gedanke, jede Emotion erzeugt gewisse biochemische Stoffe in unseren Organen (Church, 2010; Schmid, 2010). Nach Plassmann (2007b) reagieren Organe und Organsysteme dann wie „Lebewesen, die sie ja auch sind, ..." (S. 177). Damasio (2011) äußert sich dazu wie folgt: „Die Welt der Emotionen besteht ... vorwiegend aus Vorgängen, die in unserem Körper ablaufen, von Gesichtsausdruck und Körperhaltung bis zu Veränderungen in inneren Organen und innerem Milieu" (zit. nach Kast, 2012, S. 168). Muskelverspannungen, Atemstörungen, Schwindel, Tinnitus, Herzrhythmusstörungen etc. sind dann der selbstverständliche körperliche Ausdruck von emotionalen Belastungen im Therapieprozess, da der Mensch noch vor der Entstehung von Emotionen und Bewusstsein, zuallererst körperlich wahrnimmt (Plassmann, 2011). „Psychosomatische Reaktionen sind keine Krankheit, sondern eine natürliche und notwendige Basis der Persönlichkeitsbildung" (S. 226). Oder wie Soentgen (1997) schreibt: "Die leiblichen Regungen sind keine sinnlosen Gespenster, die dem Menschen das Leben schwermachen. Sie haben uns etwas zu sagen. In jedem leiblichen Befinden manifestiert sich eine latente

Erkenntnis" (S. 48). Achterberg (1987) spricht davon, dass „... der Körper keine Geheimnisse [hat], er kennt keine Lügen" (S. 9).

Auf die Möglichkeit körperlicher Begleiterscheinungen bei Imaginationen verweisen Reddemann und Stasing (2013) und Schmid (2010). Madert (2007) spricht von einem „Top-down-Mechanismus" (S. 278): mentale Bilder können emotionale Zustände hervorrufen, die sich körperlich auswirken. Kottje-Birnbacher, Sachsse und Wilke (1997) sehen Imaginationen als Brücke zu wortlosen Körperempfindungen, da sie Körperprozessen näher sind als Worte und Gedanken.

Für Kast (2012) sind Imaginationen auch ein Dialog mit dem Körper. Körperliche Symptome und Körperwahrnehmungen können als Symbole verstanden, in inneren Bildern ausgedrückt und bearbeitet werden und somit als Grundlage für Einsicht dienen. Möglich ist auch die imaginative Zuwendung zu Körperteilen oder die Introspektion des ganzen Körpers.

Schmid (2010) merkt an, dass psychologische Komponenten wie z. B. Stress oder Entspannung auf die Immunabwehr einwirken, wobei imaginative Methoden positiven oder negativen Einfluss nehmen können. Die Immunabwehr spricht auf Emotionen, Gedanken, äußere und innere Bilder an. Der supportive Einfluss der Vorstellungskraft auf die Immunabwehr wurde in Studien mehrfach bestätigt. Besonders deutlich formuliert Schmid (2010) am Beispiel der psychogenen Heilung (durch Vorstellungskraft unterstützte Genesung), welche Macht, innere Bilderwelten und Sprache ausüben: „Der Mensch birgt in sich das geistig-seelische Potenzial, seine Vorstellungskraft als Heilmittel in Anspruch zu nehmen" (S. 9). Genauso wie eben diese Vorstellungskraft auch in der Lage ist, als tödliches Seelengift zu wirken (psychogener Tod).

Fallbeispiel

Eine Frau, Ende Fünfzig, leidet seit ca. fünf Jahren an diffusen Ängsten mit somatischen Beschwerden, in einer Therapie als generalisierte Angststörung diagnostiziert. In letzter Zeit verstärkt sich zunehmend ihre Sorge um ihren Hund, den sie sich nicht mehr getraut, von der Leine zu nehmen, aus Angst, er könnte weglaufen oder ihm etwas zustoßen. Vor dem letzten Spaziergang saß sie weinend im Auto. Ihren Ängsten möchte sie sich diesmal imaginativ stellen:

Ich lenke meine Aufmerksamkeit auf meinen Körper. Ich nehme wahr, wie kraftlos er ist. In meiner Brust ist es eng und schwer. Da ist ein Gefühl von Beklommenheit und Traurigkeit. Folgende Gedanken wohnen da in meiner Brust: „Ich muss es allen recht machen. Ich darf nicht unkonventionell sein. Ich kann nicht frei sein." ...

Nun sehe ich auch die Gestalt, zu welcher diese Gedanken gehören: es ist ein kleines, koboldartiges Männchen mit roter Zipfelmütze auf rötlichen Haaren. Der Kobold hämmert fortwährend auf einen Block ein. Er wirkt aufgeregt, aggressiv. Während ich den Kobold beobachte, erkenne ich, dass er genauso verkrampft ist wie ich ... er macht immer dieselbe Bewegung. Er würde gerne damit aufhören, kann es aber nicht. Er würde gerne freier und entspannter sein. Ich spreche den Kobold an, sage ihm, dass ich ihn jetzt sehen kann. Meine eigenen Worte berühren mich zutiefst, Tränen kullern über meine Wangen... Da hält das Männchen inne und fängt zu sprechen an: Ich möchte so gerne nicht immer dasselbe tun, möchte lachen, sanfter sein, wie alle Kobolde hüpfen, springen, fröhlich sein – nicht so gebunden sein, wie ich hier an diesen Block ...

Ich erkenne ganz deutlich, dass dieses Männchen mir meine eigene Situation, meine Hilflosigkeit aufzeigt...

Im Herzen des kleinen Kobolds sehe ich Risse, die das Herz wund machen. Ich frage mich, was diese Risse bedeuten und sehe nun ein Bild vor mir, in welchem mein Vater als junger Mensch von meinem Großvater gemaßregelt wird, woraufhin mein Vater wütend und trotzig den Raum verlässt... Jetzt erkenne ich, dass mein Vater ja auch rötliche Haare hat, wie der kleine Kobold... und ich weiß, dass ihm das Blau des Himmels, welches Freiheit und Leichtigkeit vermittelt, jetzt gut täte. Ich lasse geschehen, dass dieses Himmelsblau meinen Vater erfasst, ihn erfüllt und einhüllt. Daraufhin zeigt sich mir ein anderes Bild: mein Vater, sitzend und lachend auf einem Sofa. Er scheint zu sagen: Ist doch alles halb so schlimm. Das Leben ist trotzdem schön!

Ich wende mich wieder dem kleinen Kobold zu. Er zeigt sich mir nun sehr viel ruhiger, sogar frohen Mutes, lächelt mich an. Er nimmt einen Rucksack auf – den ich erst jetzt bemerke – winkt mir zu, dreht sich um und geht nach vorne weg. Ein bisschen wehmütig blicke ich ihm nach, bis er meinem Blick entschwindet... Doch ich weiß ganz klar, dass es gut ist, wenn er geht...

Da sehe ich meinen Hund. Er möchte mit mir laufen. Ich lasse ihn von der Leine. Voller Freude tobt er rum. Ich lasse ihn laufen, habe keine Angst, weiß, dass er wieder zurückkommt. Ich beginne auch zu laufen und zu lachen... Ich fühle mich unendlich befreit in meiner Brust ...

Im Nachgespräch sagt die Klientin, dass sie sich auf den nächsten Spaziergang mit ihrem Hund freut...

In dieser Imagination wurden Körperwahrnehmungen als Einstieg benutzt, um in Folge als Kognitionen und als innere Bilder zum Ausdruck zu kommen, mit denen im Sinne von Transformation gearbeitet werden konnte.

4.6.1 Schmerz

Für den Leibphilosophen Hermann Schmitz ist Schmerz ein leiblicher Konflikt. Wobei er klar zwischen den Begriffen Körper (was man von sich selbst sieht oder tastet) und Leib (was man von sich selbst erspürt) differenziert.

Der Schmerz ist einerseits ein Drang zur Flucht, der andererseits jedoch gehemmt ist. Dieses Dilemma nimmt der Mensch als Enge wahr (Soentgen, 1997).

Körperlicher und psychischer Schmerz bedingen einander. In Studien wurde gezeigt, dass die mit der Schmerzerfahrung verbundenen Kognitionen und Emotionen das subjektive Schmerzempfinden mitbestimmen (Schmid, 2010). Es ist bekannt, dass der Schmerz im Beisein von vertrauten Personen schwächer empfunden wird. Eine Mutter hilft z. B. ihrem verletzten Kind mit Streicheln und beruhigender Stimme, die wahrgenommene Schmerzintensität zu verringern (Doidge, 2014). Damit entflieht das Kind den Schmerzen gewissermaßen, sodass sich die festgefahrene leibliche Situation des Schmerzes eine Zeit lang entkrampft und entspannt (Soentgen, 1997).

Nachweislich wirkt auch die Vorstellung auf Schmerzempfinden ein. Als Beispiel nennt Schmid (2010) einen gesunden Probanden, welcher stark brennende Wadenschmerzen empfindet, wenn man ihm Hitzeschmerz in den Waden einredet, ohne die Haut tatsächlich zu reizen. Schmerzen können also auch aufgrund innerer Vorstellungen entstehen. Je weniger Kontrolle wahrgenommen wird, umso schmerzhafter wird der Reiz empfunden. „Kontrollverlust ist einer der größten Stressoren überhaupt, und Stress kann das Schmerzempfinden verstärken" (S. 30).

Hinsichtlich des praktischen Umgangs mit Schmerzen ließe sich wie folgt schlussfolgern: Wenn Schmerz, gemäß der Schmitz'schen Leibphilosophie, ein leiblicher Konflikt zwischen einem Drang und einer Hemmung ist, dann müsste es bei Wegfall des Drangs oder der Hemmung zu einer Veränderung kommen. Dies wiederum verweist auf die Option einer Schmerztherapie auf rein leiblicher Form, ohne Anwendung von Medikamenten (Soentgen, 1997).

Fallbeispiel

Eine Klientin, Ende Vierzig, die sich in einem laufenden Beratungsprozess befindet, hat seit mehreren Tagen dumpfe Schmerzen in der linken Brustseite. Wir folgen dem Schmerzempfinden imaginativ. Ein Auszug:

Ich sehe mein Herz. Die rechte Hälfte strahlt Ruhe und Stärke aus, aber die linke Hälfte zeigt sich weinend, da sind viele Tränen. Ich blicke tief in diese linke Herzhälfte hinein. Es zeigt sich meine Mutter. Sie wirkt sehr selbstgefällig, kontrollierend, bestimmend. Ich werde wieder zu einem kleinen Mädchen und spüre wie sehr die Mutter mich erdrückt. Ich fühle mich überhaupt nicht wohl, möchte am liebsten weglaufen. Neben mir steht jetzt eine unbekannte Frau mit viel Herzenswärme. Ich vertraue ihr sofort. Sie legt ihre Hand auf meine Schulter und fordert mich auf, offen und ehrlich zur Mutter zu sprechen. Ermutigt höre ich mich zu meiner Mutter sagen: „Du erstickst mich! Du glaubst, meine Bedürfnisse immer besser als ich selbst zu kennen! Letztlich geht es Dir überhaupt nicht um mich, sondern nur um Dich selbst. Jetzt ist Schluss damit, mir reicht es!" Meine Mutter blickt mich erstaunt und traurig an: „Du hast mich durchschaut, genauso ist es. Mich quält meine eigene Geschichte und daher die Angst, verlassen zu werden. ..."Die herzenswarme Frau berührt mit ihrer Hand das Herz meiner Mutter. Es fließt dunkelrosa Farbe heraus und das Herz entspannt sich sichtlich. Dann fließt gelbe Farbe aus der Hand der herzenswarmen Frau zurück in das Herz der Mutter. Das Herz wird genährt mit Lebenskraft und Lebensfreude. Jetzt bemerke ich, dass mich meine Mutter erstmalig wirklich sieht und wahrnimmt! ... Nach einiger Zeit habe ich den Impuls, mich von meiner Mutter wegzudrehen und mich zu entfernen. Ich atme in tiefen Atemzügen und fühle mich frei ...

Noch einmal blicke ich auf mein Herz: die rechte Seite zeigt sich nun golden umrandet. Die linke Seite ist ohne Tränen, nun ganz ruhig und stark, nur ohne Goldrand.

Die Klientin berichtet mir in der nächsten Sitzung, dass sie keine Schmerzen in der Brust mehr wahrnimmt ...

Das Schmerzempfinden konnte durch imaginative Veränderung des leiblichen Befindens (diesmal des Herzens) für die Klientin positiv beeinflusst werden.

4.6.2 Placebo-Effekt

Es ist schon länger bekannt, dass Patienten allein in der Hoffnung auf Linderung ihrer Schmerzen weniger Schmerzen empfinden (Doidge, 2014). Dieser Placebo-Effekt zeigt uns, dass unser Glaube, unsere Gedanken über eine Behandlung, eine Therapie, ein Medikament usw. das Ergebnis beeinflussen und entsprechend herbeiführen können, da nachweislich neuronale Änderungen induziert werden (Schmid, 2010). Dieser Glaube, so Church (2010), wird in neurochemische Stoffe transferiert. Er schildert folgendes Experiment:

148 Collegestudenten wurden im Rahmen einer Studie in einer Bar bedient, in welcher die Forscher den Alkohol durch Tonic ersetzten, was die Versuchsgruppe nicht wusste. Das Ergebnis war, dass die Studenten, ähnlich der Kontrollgruppe, welche Drinks mit Alkohol serviert bekam, auf ihre alkoholfreien Drinks mit einem Schwips reagierten. Ihre Körper bildeten Nervensignale und neurochemische Substanzen, die dem Verhalten Betrunkener entsprachen – allein weil die Studenten glaubten, Alkohol zu trinken.

„Unser Gehirn verwandelt Kommunikation in Biologie" beschreibt es Bauer (2015) und berichtet von einem depressiven junger Mann, welcher nach einem Suizidversuch mit Scheinmedikamenten, die er als Teilnehmer der Kontrollgruppe einer Studie für wirksam hielt, mit totalem Kreislaufzusammenbruch reagierte. Achterberg (1987) betont, dass es jedem Menschen, der seinen Organismus durch negative Vorstellungen entkräftet, auch möglich ist, sich durch positive Vorstellungen selbst zu heilen. Schmid (2010) verweist auf die Fülle empirischer Studien, welche die Bedeutung der Vorstellungskraft aufzeigen sowohl hinsichtlich schädlicher Einflussnahme auf körperliche Prozesse bei Stress, Nocebo oder Tod als auch hinsichtlich nützlicher Beeinflussung bei Entspannung, Placebo und Heilung.

Einige Wissenschaftler sprechen davon, dass das Gehirn die Realität aufgrund früherer Erfahrungen nur *konstruiert*, dass unser Gehirn die materielle Welt schlichtweg *interpretiert* und unsere Wahrnehmungen bis zu einem gewissen Grad *Illusion* sind (Church, 2010; Doidge, 2014, Hervorhebung v. Verf.).

4.7 Die transformative Kommunikation

Es gibt nach Grawe (2004) vier psychische Grundbedürfnisse, deren Erfüllungsgrad das menschliche Wohlergehen bestimmen: das Bedürfnis nach Orientierung, Kontrolle und Kohärenz, das Bedürfnis nach Lust, das Bedürfnis nach Selbstwerterhöhung und – das Bedürfnis nach Bindung.

Seelisches Gedeihen braucht eine sichere Bindung. Bezugnehmend auf Untersuchungen der Boston-Change-Process-Group schreibt Plassmann (2014a), dass eine wirksame therapeutische Beziehung den Charakter einer sicheren Bindung hat. Von sicherer Bindung spricht man dann, wenn z. B. in einer Eltern-Kind-Beziehung Verständnis für Emotionen vorhanden ist und die Regulierung von Emotionen zugelassen wird. Eine sichere Bindung brauchen nicht nur Kinder, sondern ebenso alle Menschen immer dann, wenn es ihnen schwer fällt, ihre Emotionen zu verarbeiten. So wie sich Kinder von erwachsenen Bezugspersonen den Umgang mit Emotionen abschauen, um daraus ihre eigenen emotionalen Kompetenzen zu entfalten, so bedarf der mentale Transformationsprozess der Klienten die soziale Bindung an Menschen, die zur Transformation fähig sind. Denn der Transformationsprozess ist ein interaktiver Vorgang, welcher in beiden, Therapeut und Klient, aktiv ist. Die therapeutische Beziehung und die sichere Bindung des Kindes basieren auf denselben Grundsätzen (Plassmann, 2014a).

Auch aus neurowissenschaftlicher Sicht scheinen positive Bindungen neuroplastische Veränderungen zu begünstigen, „weil sie einen Verlernprozess und eine Auflösung bestehender Synapsenverbindungen in Gang setzen und dem Patienten erlauben, bestehende Absichten zu ändern" (Doidge, 2014, S. 232).

„Die Therapiebeziehung zu einer Ressource für den Patienten zu machen, ist eine der vornehmsten Aufgaben eines Therapeuten" (Grawe, 2000, S. 98).

Fiedler (2004) betont explizit die Notwendigkeit einer ressourcenorientierten Ausrichtung und versteht darunter u. a. die Förderung von Selbstbewusstsein und Selbstwertschätzung der Patientinnen, welche nur gelingt, wenn Therapeutinnen ihren Patientinnen Wertschätzung und Respekt entgegenbringen.

Forschungsergebnisse belegen, dass Therapeutinnen mit einer ressourcenorientierten inneren Einstellung und ressourcenorientiertem Verhalten meist die erfolgreicheren Therapeutinnen sind. Sie zeichnen sich dadurch aus, dass sie selbst an den Erfolg ihres Tuns glauben und bei ihren Patientinnen den Fokus auf vorhandene Stärken und die konstruktive Gestaltung neuer Lebensmöglichkeiten und Verhaltensmuster legen. Sie motivieren ihre Patientinnen, mit ihnen Seite an Seite zu arbeiten, gemeinsam an einem Strang zu ziehen, was einer Art Haltefunktion entspricht (Fiedler, 2004): schützend, gewährend und (aus)haltend (Ladenbauer, 2012). Hinsichtlich der Arbeit mit Imaginationen weisen Bahrke und Nohr (2013) ebenfalls darauf hin, dass der Therapeut im Imaginationsprozess dem Patienten „weniger ‚gegenüber', sondern aktiv begleitend ‚zur Seite'" steht (S. 133).

Carl Rogers hat in seiner Arbeit eindrucksvoll aufgezeigt, was eine als vertrauensvoll erlebte Beziehung im anderen bewirken kann und wie essentiell die von ihm betonten Komponenten von Empathie, Authentizität und Wertschätzung für den interpersonalen Prozess sind (Kriz, 2013). Er spricht davon, zu einer Stimmgabel für andere zu werden (Rogers, 2015).

Das Bild der Stimmgabel verwendet auch Lipton (2014b), um harmonische Resonanz bzw. konstruktive Interferenz zu verdeutlichen. Er illustriert, dass beim Anschlagen einer Stimmgabel ein nahestehender Kristallkelch, welcher in derselben Frequenz vibriert wie die Stimmgabel schwingt, aufgrund der Absorption der Klangwellen durch die Kristallatome, zum Zerspringen gebracht werden kann. Konstruktive Interferenz ist energieverstärkend, wohingegen destruktive Interferenz energieabschwächend oder energieauslöschend wirkt. Auch im zwischenmenschlichen Bereich geht es um die Wechselwirkung von Energien, letztlich um gute und schlechte Schwingungen (Lipton, 2014b).

Es gilt als wissenschaftliche Tatsache, dass alle Atome und Moleküle Energie in Form von Licht abstrahlen und aufnehmen. Da der menschliche Organismus auch aus Atomen und Molekülen besteht, strahlt jeder Mensch Energie in Form von Schwingungen ab (Lipton, 2014b).

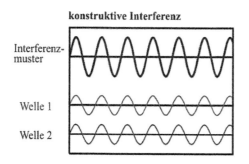 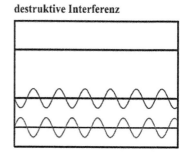

Abb. 6: Schwingungsmuster

Aus der Quantenphysik ist bekannt, dass Materie nicht aus Materie zusammengesetzt ist (Dürr, 2014). Atome bestehen aus kraftvollen Energiewirbeln. Moleküle, welche wiederum aus Atomen bestehen, sind auch Energiewirbel – ebenso wie Zellen, die aus Molekülen bestehen. Menschen bestehen aus Billionen von Zellen und können demnach auch als Energiewirbel, als energetische Wesen, betrachtet werden (Lipton, 2014b).

Eine quantenphysikalische Sichtweise beschreibt „Liebe" als konstruktive Interferenz. Diese Schwingungsqualität ist anzustreben, wenn wir uns mit der Energie von jemand anderem „verschränken". So ist hinlänglich bekannt, dass wir uns in der Gesellschaft von Menschen mehr oder weniger wohl fühlen können. Angenehmer empfinden wir es in der Umgebung von Menschen, die uns energetisch stärken (Lipton, 2014b). „Wir alle reagieren, ob wir es wollen oder nicht, auf Menschen ... fortwährend mit Resonanzen" (Bauer, 2015, S. 105).

In Versuchen wurde aufgezeigt, dass das weitaus stärkste Kraftfeld im Menschen, jenes des Herzens, von anderen in der Nähe befindlichen Menschen wahrgenommen werden kann. Da elektromagnetische Wellen immer auch Informationsträger sind, werden alle Informationen über Herzkohärenz/Herzinkohärenz des Senders empfangen. Daraus lässt sich ableiten, dass eine bewusst fürsorgliche Haltung des Therapeuten den Transformationsprozess maßgeblich unterstützen dürfte (Peters, 2014). Scheinbar passt sich bei empathischer Verschränkung zweier Systeme das dysfunktionale System des Patienten an das entspannte, beruhigende System des Therapeuten an (Madert, 2007).

4.7.1. Manipulation

Lenken wir den Blick wieder auf das Prinzip Selbstorganisation, findet sich bei Kriz (2013) die Definition von Beratung als Hilfe zu Ordnungs-Ordnungs-Übergängen. Solche Phasenübergänge oder Veränderungen durchlaufen immer eine Phase der Instabilität.

Es ist wie beim Gehen: Um einen Schritt zu machen, muss man kurzzeitig eine unsichere Position in Kauf nehmen, im Vertrauen darauf, danach wieder festen Boden in einem besseren Stand zu haben. Diesen Schritt zu wagen, impliziert immer Vertrauen, weshalb die vertrauensvolle und sichere Beziehung eine grundlegende Prämisse darstellt. Je instabiler der Klient allerdings ist, umso zugänglicher ist er für Beeinflussung von außen und umso empfänglicher reagiert er auf Anregungen, Hinweise und Worte des Beraters. Instabilität bedeutet immer auch Unsicherheit und Orientierungslosigkeit.

Dieser Tatsache Rechnung zu tragen, sich nicht in Eigeninteressen oder glückloser Hilfsbereitschaft zu verlieren, ist ein wesentliches Element für gelingende Beratungsprozesse (Kriz, 2013). Denn Manipulation ist eine Möglichkeit, „die jedem menschlichen Kontakt innewohnt" (Clauer, 1997). So gilt es gleichsam für den Therapeuten „verstärkt Vertrauen in die Selbstregulation der Patienten zu haben" (Plassmann, 2007a, S. 118).

Auch Reddemann (2007) betont, dass die Therapeutin im Wissen um diese selbstregulativen Fähigkeiten des Menschen mit ihrer Aufmerksamkeit, ihrer Fachkompetenz, ihrem Mitgefühl, ihrer Kreativität eine sichere Beziehung anbietet, welche Freiraum für die Klientin zulässt, aber niemals die Rolle einer omnipotenten Helferin einnehmen darf. Es ist wichtig, den imaginativen Raum als Gestaltungsraum für eigene Impulse der Klientin zu überlassen und diese Freiheit auch auszuhalten (Bahrke & Nohr, 2013).

In der Arbeit mit Imaginationen wird die Bedeutsamkeit der wertschätzenden und respektvollen Haltung und daraus ableitend der Beziehungsstil der Beraterin besonders offensichtlich, da sich der Klient durch seinen erweiterten Bewusstseinszustand beim Imaginieren, bei welchem das unmittelbare Erleben die kognitive Verarbeitung dominiert, offener, aber auch verletzlicher, weil weniger kontrolliert zeigt, was wiederum manipulativen Einflüssen Tür und Tor öffnet (Bahrke & Nohr, 2013).

4.7.2 Übertragung

Imaginationsarbeit ist kein übertragungsfreier Raum. Übertragung meint „im weitesten Sinne alle Phänomene der subjektiven Bedeutungszuschreibung innerhalb einer Begegnung" (Mertens & Waldvogel zit. nach Bahrke & Nohr, 2013, S. 185), auf welche mit Gegenübertragung, der „Gesamtheit der emotionalen Reaktionen des Therapeuten auf den Patienten, unabhängig davon, ob sie ihren Ursprung im Patienten oder im Therapeuten haben" (Bahrke & Nohr, 2013, S. 185) geantwortet wird.

Für Wilke (2012) ist das Imaginieren nur dann dauerhaft sinnvoll, wenn die positiven Übertragungsanteile überwiegen. Denn die Übertragungsdynamik wird auch in die Imagination projiziert. Die therapeutische Haltung im Umgang mit Gegenübertragung ist somit wesentlich (Schnell, 2012).

Aus diversen Forschungsarbeiten lässt sich laut Fiedler (2004, 2011) die Erkenntnis ableiten, dass psychodynamische Therapien umso erfolgreicher zu sein scheinen, je zurückhaltender Übertragungsdeutungen eingesetzt werden.

Kast (2012) appelliert, Gegenübertragungsaspekte als Kommunikationsmittel des Unbewussten von Therapeutin und Klientin zu sehen. Folgendermaßen formuliert es Signer-Brandau (1986):

> Wir sind als Therapeuten für unsere Arbeit selbst unser wichtigstes Instrument. Wir sind Resonanzkörper für die Töne des Klienten, und unsere Resonanz erzeugt bei ihm neue Töne. Wir sind ihm Spiegel, Projektionsfläche, aber auch Anregung, Bereicherung – nicht zuletzt durch den Reichtum an eigenen inneren Bildern, die wir ihm anbieten können, die er bei uns erspürt, in denen er sich finden kann und die zu seinem Klärungs- und Wachstumsprozeß beitragen. (S. 449)

4.7.3 Licht sein – Würdeorientierung

Entscheidend hinsichtlich zwischenmenschlicher Interaktionen ist nicht, *was* wir mit anderen tun, sondern mit welcher inneren Einstellung und inneren Haltung wir einander begegnen (Hüther, 2015). Einen interessanten Vergleich hinsichtlich innerer menschlicher Haltung bzw. zwischenmenschlichen Interaktionen wagt Lipton (2014b) – und zwar mit dem Periodensystem und seinen 118 Elementen, welches als Meisterwerk geordneter chemischer Informationen bezüglich Merkmale und Eigenschaften unseres Universums gilt. Dazu zählen sechs Edelgase (aktuell sind es sieben, Anmerk. v. Verf., http://www. periodensystem.info/elemente/ gruppe/edelgase/, Zugriff am 18. 01.2016), welche als einzige Elemente nur unter äußerst speziellen Umständen chemische Verbindungen eingehen. Wohingegen sich die anderen Elemente ohne weiteres miteinander verbinden, um jene Moleküle zu formen, aus denen Sterne, Planeten und die Biosphäre bestehen.

Da Atome, bestehend aus positiv geladenen Protonen, um welche gleichzahlige negative Elektronen in konzentrischen Hüllen kreisen, herumwirbeln, bekommt ihr Drehmoment eine Art Unwucht, wenn ihre Hüllen nicht mit der maximalen Anzahl der Elektronen besetzt sind. So trachten jene Elemente, deren Elektronenhüllen unvollständig sind, danach, mit Atomen, die eine komplementäre Unausgeglichenheit aufweisen, Verbindungen einzugehen. Dadurch drehen sich dann die beiden verbundenen Atome in perfekter Harmonie. Zum besseren Verständnis gebraucht Lipton (2014b) das Beispiel der Natriumchlorid-Synthese.

Ein Natrium-Atom und ein Chlor-Atom bilden ein perfektes Paar, wenn sie unter Wärme- und Lichtentwicklung zu einer lebensnotwendigen Verbindung – dem kristallinen Kochsalz, Natriumchlorid – reagieren:

Das Natrium-Atom gibt sein Valenzelektron, das ist jenes in der äußersten Hülle, an das Chlor-Atom ab. Seine äußerste Hülle, weil nun leer, existiert nicht mehr. Das Natrium-Atom besitzt eine Hülle weniger, diese jedoch mit

Elektronen voll besetzt. Es hat deshalb eine Edelgaskonfiguration erhalten. Allerdings ist nun eine positive Ladung zu viel, weshalb das Teilchen nach außen hin positiv geladen ist. Dadurch wird es zu einem Natrium-Ion mit völlig anderen Eigenschaften als zuvor als Natrium-Atom. Das Chlor-Atom konnte mit der Aufnahme des Elektrons seine Hülle voll besetzen. Das entstandene Teilchen ist nach außen nun negativ geladen und wird Chlorid-Ion genannt. Die Ionen ziehen sich aufgrund der unterschiedlichen Ladung an und halten fest zusammen, was man Ionenbindung nennt.

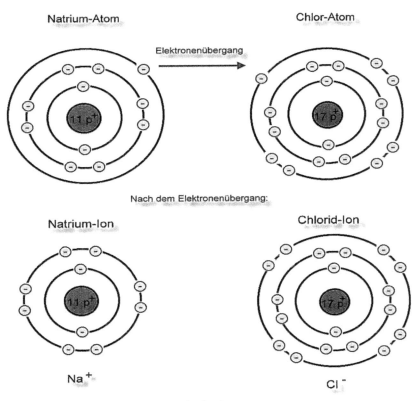

Abb. 7: NaCL-Synthese

Diese Kräfte sind viel stärker als zwischen ungeladenen Molekülen. Schließlich bildet sich ein sehr stabiles Kristallgitter oder Ionengitter mit großer Gitterenergie (https://chemiezauber.de/inhalt/basic-2-kl-8/salze-1/natriumchlorid synthese.html , Zugriff am 23. 10. 2015; Holleman & Wiberg, 1995)

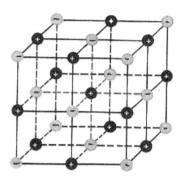

Abb. 8: Ionengitter von Kochsalz

Es sind vor allem die zwischenmenschlichen Beziehungen, die Freud und Leid von Menschen bestimmen (Grawe, 2000). So will diese Analogie aufzeigen, dass, ähnlich wie chemische Verbindungen nach co-abhängigen Beziehungen streben und einander um der eigenen Harmonie willen benutzen, Menschen oft komplementäre Beziehungspersonen unbewusst gebrauchen, um sich selbst zu stabilisieren. Denn gleich den unvollständigen Elementen sind auch Menschen, diese bedingt durch suboptimale Lebenserfahrungen, innerlich „unausgeglichen".

Zudem wird auf bewusster Ebene vom jeweils anderen erwartet, eigene Bedürfnisse zu erfüllen (Lipton, 2014b). Erwartungen an andere können jedoch unsere Wahrnehmung manipulieren (Church, 2010). Und Wahrnehmungen entsprechen Überzeugungen, die bis in jede Zelle reichen. Wobei Zellen,

Organe und Gewebe die Informationen, die sie vom Nervensystem erhalten, nicht infrage stellen. Wahrnehmungen beeinflussen demnach unser Wohlbefinden (Lipton & Bhaerman, 2014).

Nun gibt es im Periodensystem eben auch Edelgase. Sie sind die einzigen Elemente, deren äußerste Elektronenhüllen vollständig besetzt sind. Sie drehen sich bereits von sich aus harmonisch. Sie sind in sich ausgeglichen, weshalb erklärt, warum sie unter gewöhnlichen Umständen keine Verbindungen mit anderen Elementen anstreben.

Daher empfiehlt Lipton (2014b) als persönlichen Reife- und Entwicklungsweg auf die Übereinstimmung von bewusstem Denken und Unterbewusstsein zu achten, was den Menschen zu innerer Ausgeglichenheit verhilft, analog zu sich im Gleichgewicht drehenden Edelgasen, die kein anderes Element dazu (miss) brauchen. An dieser Stelle sei erwähnt, dass Singer und Pope (1986) der menschlichen Imaginationsfähigkeit „kristallisierendes Potential" (S. 27) zusprechen.

Trifft nun ein Photon (kleinste Lichteinheit) auf ein Edelgasatom, absorbiert das Edelgasatom die Energie des Photons und fängt durch die zusätzliche Energie schneller an zu schwingen. Erst dadurch angeregt, strebt es nach Bindung mit einem anderen Edelgasatom, um diese Energie weiterzugeben.

All diese Gedankengänge veranlassen Lipton (2014b) zu der Schlussfolgerung, dass angeregte Edelgasatome wie Menschen sind, die zu selbstloser Liebe und Empathie fähig sind.

Wissend um die Bedeutsamkeit zwischenmenschlicher Wechselwirkung unterstreicht Grawe (2000) die Signifikanz der interpersonalen Perspektive im Therapiekontext. Reddemann und Stasing (2013) lenken den Blickwinkel auf den humanen Wert der Würde, der als Orientierung für die therapeutische Arbeit dienen soll. Nach dem Philosophen Immanuel Kant meint Würde, „dass der Mensch nicht von anderen als Mittel zum Zweck benutzt werden darf, sondern der Mensch einen ‚Zweck an sich' darstellt und seine Zwecke an sich auch nur selbst bestimmen kann" (S. 69).

Es gilt, ein sicheres Würdeempfinden „aus einer Akzeptanz unser aller Begrenztheit heraus" (S. 70) zu entwickeln, um Patientinnen zur Bewusstmachung der eigenen Würde zu verhelfen, um deren Würde als Therapeutin nicht zu verletzen, um mit Übertragungsdynamiken und manipulativen Impulsen sorgsam umzugehen.

Die persönliche Erfahrung von sich als Therapeut in optimaler Verfassung beschreibt Rogers (2015) pathetisch wie folgt:

> Ich stelle fest, daß von allem, was ich tue, eine heilende Wirkung auszugehen scheint, wenn ich meinem inneren, intuitiven Selbst am nächsten bin, wenn ich gewissermaßen mit dem Unbekannten in mir in Kontakt bin, wenn ich mich vielleicht in einem etwas veränderten Bewußtseinszustand befinde. Dann ist allein schon meine Anwesenheit für den anderen befreiend und hilfreich.... Es ist, als habe meine Seele Fühler ausgestreckt und die Seele des anderen berührt. Unsere Beziehung transzendiert sich selbst und wird ein Teil von etwas Größerem. Starke Wachstums- und Heilungskräfte und große Energien sind vorhanden. (S. 79–80)

5 Was ist der Mensch? – Grenzen im Denken überwinden

Der Beratungsprozess konfrontiert Klienten auch mit Aggression, Wut, Ohnmachtsgefühlen und Gewaltbereitschaft. Daher ist es bedeutend mehr als bisher zu begreifen, was der mögliche Nährboden für deren zerstörerische Komponente ist, um die notwendigen Wandlungsschritte mit imaginativer Arbeit verständnisvoll und einfühlsam zu initiieren. Ich erachte es für sinnvoll, auf epigenetische Zusammenhänge, auf das Wesen von Aggression und Gewalt, auf die Möglichkeit der Potentialentfaltung sowie die geistige Dimension im Menschen nachfolgend einzugehen.

5.1 Epigenetik

In einem Experiment teilte Lipton (2014b) genetisch idente Zellen in drei verschiedenen Schalen auf, welche jeweils eine andere Mischung biochemischer Stoffe enthielten. Daraufhin bildeten die Zellen in jeder Schale andere Zellen, nämlich Muskelzellen, Knochenzellen und Fettzellen, obwohl sie, wie gesagt, anfangs genetisch identisch waren. Aus diesem Experiment geht hervor, dass nicht die Gene, sondern die Umgebung, das Umfeld der Zellen, das Schicksal und die Gesundheit der Zellen festlegen. Lipton (2014a) beobachtete außerdem, dass Zellen in gesunder Umgebung gediehen und in ungesunder Umgebung schwächelten. Verbesserte sich ihre Umgebung, dann gewannen die Zellen auch wieder an Kraft und Energie.

Gene sind nicht von sich aus aktiv, sondern sie müssen durch ihre Umgebung zur Aktivität angeregt werden. Auch Bauer (2013) stellt klar, dass Gene allein die seelische Gesundheit eines Menschen nicht beeinflussen können. Es kommt auf das Wechselspiel der Gene mit entsprechenden Lebensumständen an. Diese Erkenntnis liegt dem Forschungsfeld der Epigenetik (Wissenschaft der Untersuchung von Signalen – außerhalb der Gene, außerhalb der Zellen oder außerhalb des Körpers – zur Steuerung der Genexpression) zugrunde, deren zahlreiche Studien den Einfluss des Umfeldes auf die Gene belegen (Lipton 2014b, Church 2010).

Inzwischen häufen sich die Hinweise, dass feinstoffliche und immaterielle Faktoren wie unsere Überzeugungen, Gefühle, Einstellungen für die Genexpression von immenser Bedeutung sind, indem sie sich als positive oder negative Veränderungen in unseren Zellen manifestieren können. Was wir demnach denken, glauben und fühlen, wirkt sich augenblicklich auf unsere Genexpression und Körperchemie aus (Church, 2010). So verändert sich unser Erbgut durch epigenetische Prozesse beständig weiter. Erfahrungen und Umwelteinflüsse entsprechen chemischen Markierungen in unserer DNA. Von Biologen wird die Epigenetik daher auch das Gedächtnis des Körpers genannt (Berndt, 2014). Der Biologe Rudolf Jaenisch spricht von epigenetischen Veränderungen als „die Sprache, in der das Erbgut mit der Umwelt kommuniziert" (zit. nach Berndt, 2014, S. 145).

Zurzeit verdichten sich auch die Thesen der transgenerationalen Weitergabe: Menschen geben manche Veränderungen an ihrem Erbgut, welche sie Zeit ihres Lebens z. B. durch Stress, Ernährung, Gewalterfahrung etc. erhalten haben, an ihre Nachkommen weiter. Allerdings sind wir unseren Erbanlagen und Prägungen nicht hilflos ausgeliefert, sondern können sie verändern, indem wir uns aktiv positiven Einflüssen aussetzen. Dabei hält es die Neurowissenschaftlerin Elisabeth Binder durchaus für möglich, dass Menschen, die besonders leicht mit epigenetischen Veränderungen auf die Umwelt ansprechen, auch entsprechend stark von positiven Umwelteinflüssen profitieren.

In einem Experiment schwedischer Forscher wurde nachgewiesen, dass sich epigenetische Veränderungen in kürzester Zeit, binnen Minuten, vollziehen können. Wobei andere Untersuchungen am Erbgut von eineiigen Zwillingen direkt nach der Geburt nahelegen, dass solche Prozesse bereits im Mutterleib stattfinden, indem der Mensch von der Umwelt beeinflusst wird, welche seiner Gene er vorwiegend nutzt und welche er eher ruhen lässt (Berndt, 2014).

Fallbeispiel

Fortsetzung der Gruppenimagination zum Thema „Stress" (siehe Pkt. 4.4.4.). Die Teilnehmer sind angeleitet, um ihre Körperzelle mit dem höchsten Stressfaktor mindestens zehn unbeschadete, gesunde Zellen (die Gruppe einigt sich auf die Benennung Liebeszellen) zu gruppieren und zu beobachten, welche inneren Bilder sich daraufhin zeigen:

Mann, Ende Vierzig:

Die Liebeszellen zeigen sich goldig und prunkvoll und wandern vom Kopf nach unten in den Magen, wo sie sich um die wild tobende Stresszelle legen und eine Art Ozean um sie bilden. Um sie herum ist Wasser und jede Berührung der Stresszelle mit den Liebeszellen ähnelt einem ins Meer stürzenden Vulkan mit starker Rauchentwicklung. Die Stresszelle zeigt sich nun als Sand umgeben von Meer, wobei immer mehr Sand ins Meer gespült wird. Schließlich sehe ich keine Stresszelle mehr, sondern ganz dünne, rosa Haut, wie sie sich immer über einer ehemals verwundeten Körperstelle bildet. Da taucht das Wort „Heilung" in mir auf …

Frau, Mitte Dreißig:

Die Liebeszellen zeigen sich in Form von Perlen. Sie umkreisen die Stresszelle, welche daraufhin ermüdet, von der Decke auf den Boden schwebt und einschläft. Die Stresszelle wandelt sich zu einem Schattenwesen, das im Schlaf Albträume hat. Es kommen noch mehr Liebeszellen dazu. Der Transformationsprozess geht weiter, das Schattenwesen gesundet zunehmend. Schließlich sehe ich das Bild einer Frau. Ich erkenne mich selbst als diese Frau. Die Liebeszellen fordern mich auf, mit der ehemaligen Stresszelle ein Gespräch zu führen über die Zeit des Unfalls. Dieses Gespräch ermüdet mit der Zeit die ehemalige Stresszelle wieder und während sie schläft, bringen die Liebeszellen sie an ihren ursprünglichen Ort und sagen mir, dass, wenn diese Zelle wieder aufwacht, sie keine Erinnerung mehr an die Zeit des Unfalls haben wird, ...

Frau, Mitte Vierzig:

Die Liebeszellen zeigen sich mir als Kolonne pinkfarbener Glücksdrachen, welche die Stresszelle umwickeln. Sie hängt schließlich wie ein Ballon an den Drachen dran, welche mit ihr durch die Luft über den Mund wegfliegen. Während des Fluges löst sich die Stresszelle immer mehr auf, bis sie ganz verschwunden ist. Die Glücksdrachen fliegen zurück in den Hals und ich sehe den Diamant wieder, der nun in den ganzen Körper ausstrahlt. In mir ist ein Gefühl von Glück und Zufriedenheit...

Diese Imaginationen stützen die Annahmen der Epigenetik, indem sie den Einfluss und die Kraft/Macht des Umfeldes auf Organismen veranschaulichen.

5.2 Aggression und Gewalt

Da befriedigende Beziehungen zu anderen zu den menschlichen Grundmotivationen gehört, verursacht das Fehlen oder die Gefährdung bedeutsamer zwischenmenschlicher Bindungen, soziale Ausgrenzung und Demütigung ebenso wie willkürlich zugefügter Schmerz im einzelnen Menschen, in Menschengruppen oder in Nationen Gefühle der Aggression. Diese Grundregeln der Aggressionserzeugung formuliert Bauer (2013) und betont, dass aggressives Verhalten immer diesen Regeln folgt und kein spontan auftretendes menschliches Grundbedürfnis darstellt, womit er die Existenz eines Aggressionstriebes klar verneint. „Die moderne Neurobiologie kann das Konzept eines primär blutrünstigen, durch einen Aggressionstrieb getriebenen Menschen nicht stützen" (S. 27). Vielmehr zeigen neuere Untersuchungen, dass der Mensch vordergründig soziale Akzeptanz, Kooperation und Fairness im Blick hat. Auch Rogers (2015) beteuert, dass Menschen unter der Voraussetzung eines entsprechenden psychologischen Klimas auf humane Werte wie z. B. Vertrauen, Tatkraft, Kreativität und Zusammenhalt ausgerichtet sind. Am Beispiel kleiner Kinder lässt sich das beträchtliche Potential, welches den Menschen für ihre Entwicklung innewohnt, wunderbar erfassen, meint Dürr (2014).

Ursächlich ist Aggression als Unterstützung für den Menschen zu sehen, körperlich unversehrt zu bleiben und Schmerz zu verhindern. Neurobiologischen Beobachtungen zufolge wird soziale Zurückweisung und Ausgrenzung, Verachtung und Demütigung wie körperlicher Schmerz wahrgenommen. Zudem bewirken Spiegelneuronen (eine spezialisierte Untergruppe von Nervenzellen), dass wir auch dann wütend und aggressiv werden können, wenn wir mitbekommen, wie anderen Personen (besonders nahestehender) Leid zugefügt wird. Nach dem Phänomen der Verschiebung kann sich Aggressionsbereitschaft auch mit zeitlicher Verzögerung und an anderen Personen, die zur Provokation der Aggression nicht beigetragen haben, entladen. Diese Aggressionsverschiebung gibt es nicht nur bei Einzelpersonen, sondern auch bei Gruppen oder Nationen.

Aggression stellt vor allem ein soziales Regulativ dar, weil es dem neurobiologischen Motivationssystem Beistand leistet, welches auf Zuneigung und soziale Akzeptanz fokussiert ist. Sind diese gefährdet, reagieren die Alarmsysteme des menschlichen Gehirns mit Angst und Aggression. Daher ist es sinnvoll, Aggression als kommunikatives Signal zu verstehen: Ein Mensch will darauf aufmerksam machen, dass er körperlichen oder sozialen Schmerz empfindet. So gesehen ist erfolgreich kommunizierte Aggression auch konstruktiv und bedeutet, sich am rechten Ort, zur rechten Zeit, in der angemessenen Weise zu äußern. Hat sie jedoch jegliche kommunikative Funktion verloren, ist sie destruktiv, und es kommt oft zu einem Aggressionskreislauf zwischen dem Betroffenen und seiner Umwelt (Bauer, 2013).

Zur Gewaltprävention empfiehlt Bauer (2013) auf der Individualebene, sich in Achtsamkeit zu üben und entwürdigendes Verhalten zu meiden. Auf der

Gesellschaftsebene sind Gerechtigkeit sowie bessere Bildung und Erziehung der Kinder zur Bildungsbereitschaft seiner Meinung nach die besten gewaltpräventiven Faktoren.

5.3 Potentialentfaltung

Auch Hüther (2015) weist darauf hin, dass die wichtigste Komponente zur menschlichen Potentialentfaltung, nämlich „die Freude am Selber-Denken und am gemeinsamen Gestalten bei keinem Menschen von allein [verschwindet]. Sie kann nur durch leidvolle Beziehungserfahrungen verloren gehen" (S. 16).

Deshalb kommt auch der achtsamen Erziehung von Kindern, welchen eine angeborene Freude am eigenen Denken innewohnt, eine zentrale Bedeutung zu (Bauer, 2013; Dürr, 2014; Hüther, 2015; Lipton, 2014a). Unsere neurobiologischen Potentiale können sich nur unter hilfreichen, sozialen Bedingungen entwickeln. Daher ist Erziehung die notwendige Bedingung für die Heranreifung des kindlichen Stirnhirns und der menschlichen Entwicklung (Bauer, 2013). Von großer Bedeutung sind dabei dyadische Beziehungserfahrungen überwiegend in den ersten beiden Lebensjahren und darüber hinaus immer noch in ausreichendem Maße. Kleine Kinder brauchen hauptsächlich *ein* Gegenüber, das sie spiegelt (Bauer, 2015). „Kinder mit Fürsorge aufwachsen zu lassen, ist epigenetische Therapie" subsumiert Church (2010, S. 46).

Beziehungen sind für die Seele genauso bedeutsam wie die Nahrung für den Körper (Schmid, 2010). Werden Beziehungen zu primären Bezugspersonen als weniger befriedigend und haltgebend erlebt, besteht die Gefahr, dass sich negative Selbstzuschreibungen und lebenseinschränkende Überzeugungen im Präfrontalen Cortex verankern (Hüther, 2015). Denn Informationsverarbeitung kann nicht nur salutogen sondern auch pathogen wirksam werden. Wenn Glaube zu Wissen und Suggestion zu Gewissheit wird, ist es möglich, dass Vorstellungen im jeweiligen Kontext der psychosozialen Situation und kulturellen Tradition eines Menschen auch Seelengift sind (Schmid, 2010).

Diese „giftigen Vorstellungen" (Hüther, 2015, S. 16) beeinflussen maßgeblich unser Denken, Fühlen und Handeln. Wobei sie auch von anderen übernommen, selbst geschaffen oder transgenerational weitergegeben werden können. Dürr (2014) merkt an, dass menschliches Leben nicht bei Null beginnt, sondern jeder Mensch von Anbeginn Information mitbringt. Es gilt, darüber nachzudenken, wie es gelingt, sich von solchen fest verankerten Vorstellungen und inneren Überzeugungen im Gehirn zu befreien (Hüther, 2015).

Eine Möglichkeit sieht Hüther (2015) in günstigeren Erfahrungen mit anderen Menschen, indem wir einander wieder mehr als Subjekte wahrnehmen und von Mensch-zu-Mensch begegnen. Weg von zwischenmenschlichen Begegnungen in Rollen oder Funktionen, die den Menschen zum Objekt degradieren, ein Zusammentreffen auf Augenhöhe verhindern und somit den Gedanken des Voneinander-Getrennt-Seins anstelle der Verbundenheit fördern. Ernst (2015) appelliert zudem, „die Wahrheit des Subjektiven" zu akzeptieren und den anderen in seiner Verschiedenartigkeit anzunehmen.

Eine weitere Möglichkeit ist die Aneignung von neuem Wissen, der Erkenntnisgewinn sowohl durch Zerlegen und Analysieren als auch durch Zusammenschau und Suche nach verborgenen Mustern und Prinzipien. Es braucht also einen Umdenkprozess, bei welchem das neu Gedachte in bisherige Erfahrungen integriert werden kann. Wobei so ein Lernprozess umso besser gelingt, je stärker er von positiven Gefühlen begleitet wird. Dadurch gelangt das Gehirn in einen kohärenteren Zustand, aktiviert tiefer liegende emotionale Bereiche, wo Botenstoffe freigesetzt werden, die ähnlich wirken wie Kokain oder Heroin, also Glücksgefühle auslösen und auf nachgeschaltete Nervenzellen wie Dünger wirken. Die so freigesetzten Substanzen stehen somit im Dienste neuronaler Reorganisationsprozesse. So glaubt heute niemand mehr, dass z. B. die Erde eine Scheibe ist oder Newton'sche Gesetze allgemeingültig sind (Hüther, 2015).

Dürr (2014) differenziert zwei Formen von Wissen: Dem „begreifbaren Wissen" (S. 160), von ihm als Außenansicht bezeichnet, mit einer Trennung von Beobachter und Beobachtetem und der „Gewissheit um den inneren Zusammenhang" in welcher diese Trennung aufgehoben ist, Wahrnehmendes und Wahrgenommenes untrennbar Eins sind, von ihm als Innensicht bezeichnet.

Die Aneignung von Wissen und Aufklärung akzentuiert auch Bauer (2015). In der Verwendung des Sprichwortes „Wissen ist Macht", stellt er den Machtbegriff gleich mit Schutz vor „manipulativen Eingriffen in unsere Willensfreiheit" (S. 101). Ziel muss es sein, sich der mannigfaltigen Beeinflussungsprozesse, welche die Selbstkontrolle und den freien Willen auf sublime Weise unterwandern, bewusst zu werden. Wobei Dürr (2014) auf die Möglichkeit von Wissen selbst als Mittel der Manipulation verweist, wenn Wissen als Machtinstrument zur Beherrschung über Mensch und Natur benutzt wird – Wissen als Mittel zur Macht anstatt Quelle der Weisheit. So merkt er an, dass eine wissenschaftliche Betrachtung der Welt diese auch nur von einer gewissen Seite darstellt, wenn einzig das objektiv Messbare zulässig ist.

Es gilt, aus neuem Wissen jene Handlungsmöglichkeiten abzuleiten, die dem Menschen bestmögliche Entfaltung ermöglichen, sprich: das Lebende im Menschen lebendiger werden lässt (Dürr, 2014).

„Was ist die Ursache des Bösen?" .
„Unwissenheit", sagte der Meister.
„Und wie wird sie beseitigt?"
„Nicht durch Anstrengung, sondern durch Licht; durch Verstehen, nicht durch Handeln." (De Mello, 1993, S. 151)

5.4 Eine Welt des Geistes

Für Bauer (2015) sind Erkenntnisse, Überlegungen und konkrete Vorstellungen Ergebnisse menschlichen Bewusstseins, die sich in einem fortwährenden Prozess zwischenmenschlicher Interaktionen auf einer geistigen, symbolischen Ebene weiterentwickeln und eine eigene Welt des Geistes bilden. Er vergleicht die Beziehung zwischen Gehirn und Geist mit einem Klavier und der damit hervorgebrachten Musik. Ohne Instrument kann es keine Musik geben, aber was gespielt wird, bestimmt nicht das Klavier. Anders als einige Kollegen vertritt Bauer die Sichtweise, dass auch die Inhalte von Geist und Bewusstsein keinem biophysikalischen Determinismus unterliegen und somit keinen vorherbestimmten Ablauf haben. Sowohl die bewussten wie die unbewussten Anteile unserer inneren Realität machen unsere geistigen Aktivitäten aus und beeinflussen jenen Überlegungsvorgang, den wir freien Willen nennen. Daher plädiert Bauer (2015) in Übereinstimmung mit Lipton (2014b) oder Servan-Schreiber (2006) für eine Erforschung der inneren Realität, da sie genauso Teil des Menschen ist, der bewusste Entscheidungen trifft. Wie auch C.G. Jung darauf hinwies, den kompletten Umfang des Bewusstseins ernst zu nehmen, also auch die mythischen, magischen und mystischen Wahrnehmungen (Schmid, 2010). Wobei Schmid betont, dass es nicht um Hexerei, Zauberei oder Esoterik geht, sondern vielmehr um die Macht des Geistes.

Wyatt (2013) spricht von einem Verflochtensein von innerer und äußerer Welt. Für Dürr (2014) ist äußeres Erfahren nur fühlbar durch Wiedererkennen von innerem Erfahren. Die zweiwertige Außenansicht (Entweder-Oder-Denken) ist für ihn ein unvollständiges Abbild einer Innensicht als tieferen Wirklichkeit, die ein Sowohl-Als-Auch kennt, deren Inhalte uns oft als wenig greifbar, mit Worten schwer fassbar und doch verständlich berühren. Es sind humane Werte wie z. B. Liebe, Vertrauen, Geborgenheit, Hoffnung, Schönheit u. v. m.

„Geistige Selbstbestimmung und die Frage, wie sie gestärkt werden kann, wird eines der heißesten Themen der Zukunft sein" (Metzinger zit. nach Bauer, 2015, S. 34). Es bedarf keines „ ... 'neuen Menschen'. Wir müssen nur für das, was im Menschen an gesellschaftsfähigen Eigenschaften steckt, Raum schaffen" (Dürr, 2014, S. 174).

Einzelfallstudien und –beobachtungen lassen erkennen, dass Menschen mit Wissen und Verständnis für Imaginationsprozesse auf ihr persönliches Wohlbefinden und ihr alltägliches Leben positiven Einfluss nehmen können. Menschen können mithilfe ihrer eigenen Imaginationsfähigkeit lernen, eine positiv gesinnte innere Haltung sich selbst und ihrem Umfeld gegenüber zu entwickeln, was die Welt weniger bedrohlich macht und die lebensstärkenden Aspekte mehr als bisher zum Vorschein bringt (Schmid, 2010).

„Denn die Allverbundenheit, die wir Liebe nennen können und aus der Lebendigkeit sprießt, ist in uns [Menschen] und in allem anderen von Grund auf angelegt" (Dürr, 2014, S. 167).

6 Schlussbetrachtung und Resümee

Aufgrund der Komplexität aller Überlegungen fasse ich die bisherigen Inhalte nochmals zusammen, ziehe Resümee und lade zu einem visionären Blick in die Zukunft ein.

Die Schwierigkeiten unserer Erlebnisgesellschaft wie z. B. Reizüberflutung, Gewöhnungseffekte, Sprachlosigkeit und Enttäuschungsanfälligkeit bringen Zeiten größerer Unsicherheiten und Labilität hervor. Der Umgang mit Unsicherheiten begünstigt Gefühle wie Angst, Aggression und die Verzagtheit, ausreichend Verantwortung für eigenes Tun zu übernehmen. Diese Gefühle wiederum nähren den Boden für zahlreiche psychosoziale Störungen, Konflikte oder Krankheitsbilder. Menschen versuchen daher vermehrt mit professioneller Unterstützung ihr Unbehagen auszubalancieren. Dazu gelangt auch die menschliche Imaginationskraft zum hilfreichen Einsatz.

Menschliche Vorstellungskraft ist als Existenzial im Menschen angelegt, das heißt, in jedem als „natürliche Fähigkeit" vorhanden. Immer schon nutzten Menschen diese ihnen innewohnende Imaginationsfähigkeit für Erkenntnisgewinn, Ausdruck von Kreativität und Einflussnahme auf Heilungsprozesse. Als Quelle innerer Informationen sind Imaginationen integrativer Bestandteil zahlreicher therapeutischer Interventionen. Ihre Wirksamkeit liegt in der Ressourcenaktivierung, Resilienzförderung und Selbstwirksamkeitserhöhung. Dies führt in der Folge zu einer Induktion von Hoffnung und Zuversicht sowie zur Stärkung von Selbstkontrolle, Selbsterkenntnis und Selbstfürsorge durch den Erhalt neuer Sichtweisen und dem Einüben alternativer Verhaltensmöglichkeiten. Imaginationen ermöglichen auch einen Zugang zur geistigen Dimension des Menschen, sie fördern Persönlichkeitsentwicklung und sind identitätsstiftend durch transpersonales emotionales Erleben. Imaginatives Vorgehen hat sich auch in der Traumarbeit als hilfreich erwiesen. Es gibt keine Einstimmigkeit der Fachwelt hinsichtlich Kontraindikation.

Als Indikator dafür wird oftmals der Schweregrad einer Symptomatik angeführt. Kontraindiziert ist imaginatives Vorgehen im Beratungsprozess dann, wenn Klienten keine Bereitschaft zeigen, sich auf innere Bilder einzulassen. Da der unachtsame Umgang mit Imaginationen auch zu einer Festigung und Verstärkung von Problemen führen kann, ist die Sorgfaltspflicht des Beraters von großer Bedeutung.

Überlegungen der modernen Traumatherapie nach Plassmann, welche auf der Theorie komplexer Systeme beruhen, lassen sich auf Imaginationsprozesse übertragen und fördern das Verständnis, diese als geeignete Methoden für Transformationsprozesse zu begreifen. Auf diese Erwägungen wird nun nachfolgend eingegangen.

Im menschlichen Seelenleben finden, angeregt durch einen ständigen wechselwirkenden Informationsaustausch mit der externen Umwelt, positive und negative Rückkopplungsprozesse statt, welche für Kontrolle oder Verstärkung von Verhalten und Erleben sorgen. Am Beispiel des Laserlichts oder dem gemeinsamen Klatschen eines Publikums lässt sich dieses Prinzip von Selbstorganisation verständlich nachvollziehen: Durch entsprechende Energiezufuhr von außen wird ein offenes, komplexes System angeregt, sich in chaotisch wirkenden Phasenübergängen durch Reduktion von Komplexität neu zu ordnen.

Auch das psychische Heilungssystem ist fähig, dysfunktionale Ordnungsmuster (emotionale Belastungen) über Phasenübergänge (Loslassen alter Strukturen) in funktionale Ordnungsmuster bei gleichzeitiger Wechselwirkung mit allen relevanten Systemebenen (psychisch, körperlich, interpersonell, kulturell) zu formieren. Dazu bedarf es entsprechend starker Energiezufuhr in Form von Emotionen: Das bisherige dysfunktionale Ordnungsmuster wird mit Komplexität angereichert, dadurch instabil, chaotisch und erweitert sich mit zusätzlichen Lösungsmöglichkeiten. Wird eine Lösung gewählt, reduziert sich die Komplexität wieder und es entsteht ein neues, funktionales Ordnungsmuster. Seelische Transformationsprozesse sind letztlich eine ständige Reorganisation psychischer Inhalte, wobei nichts eliminiert wird, sondern alle vorhandenen und neu hinzukommenden Inhalte neu geordnet werden.

Wichtig für den therapeutischen Transformationsprozess ist die Fokussierung auf das Hier und Jetzt. Wie Plassmann so treffend sagt: Gelöscht wird ein Feuer im Jetzt, egal, wann es angezündet worden ist. Im Sinne der Ressourcenaktivierung ist jene Emotion bedeutsam, welche die Klienten aktuell bewegt. Denn es ist die Impulskraft der Ressourcenaktivierung, der zufolge die psychische Reorganisation des Belastungsmaterials in ein gesundes Ordnungsmuster erfolgt. Die angeführten Fallbeispiele weisen darauf hin, dass Imaginationen hilfreiche Möglichkeiten für Transformationsprozesse anbieten.

Einen zentralen Stellenwert haben Emotionen. Sie sind das Kernstück psychischen Geschehens. Sie bewerten alles, was geschieht und regulieren dadurch die seelische Energie. Sie verfügen über eine enorme Macht, weshalb Emotionswahrnehmung und –regulation für psychisches Wohlbefinden extrem wichtig sind. Emotionale Systeme streben stets nach innerer Balance. Eine bipolare Vorgehensweise im Imaginationsprozess (das Zusammenspiel von Problemkonfrontation und Ressourcenaktivierung) verstärkt die Wechselwirkung von negativen und positiven Emotionen und initiiert selbstorganisatorische Heilungsprozesse.

Die Hinzunahme naturwissenschaftlicher Erkenntnisse verdeutlicht den enormen Einfluss von Emotionen auf die körperliche und psychische Ebene und erhellt die Funktionsweise sowie das Zusammenspiel von Organen wie Herz und Gehirn.

Mit seiner schnellen Wahrnehmungsfähigkeit und seinem stärksten elektromagnetischen Feld im Körper beeinflusst das Herz die Physiologie des Körpers auf neurologischer, biochemischer, biophysischer und energetischer Ebene. Ein optimaler Herzrhythmus, auch Herzkohärenz genannt, ergibt sich aus dem harmonischen Zusammenspiel aller vier Ebenen. Herzkohärenz bedeutet für den Körper Energieeinsparung und Kraftentfaltung. Aus Studien ist bekannt, dass negative Emotionen die Herzkohärenz beeinträchtigen, wohingegen positive Emotionen die Herzkohärenz fördern.

Psychischen Prozessen liegen neuronale Vorgänge zugrunde, weshalb Kenntnisse über Erkenntnisse der Neurowissenschaften auch im Beratungsprozess sinnvoll scheinen. Unser Gehirn formt und orientiert sich zeitlebens nach den im Leben gemachten Erfahrungen und gefundenen Lösungen. Es ist demnach veränderbar, plastisch. Wobei Hirnareale dynamisch sind. Je nach Nutzungsgrad werden sie gestärkt oder überschrieben und können verkümmern. Das erklärt, warum es nicht immer leicht ist, Gewohnheiten zu ändern, auch wenn es grundsätzlich möglich ist.

Forscher konnten zeigen, dass sich neuroplastische Änderungen teils schneller als bisher erwartet vollziehen können, weil Hirnareale fähig sind, auch jene Aufgaben zu übernehmen, für welche sie ursprünglich nicht vorgesehen sind. Zahlreiche Experimente belegen auch, dass die menschliche Vorstellungskraft nahezu dieselben Hirnareale aktiviert wie die reale Sinneswahrnehmung. Für eine nachhaltige Überschreibung oder Umstrukturierung neuronaler Netzwerke bedarf es immer emotionaler Beteiligung.

Neuronale Netzwerke sind als innere Bilder im Gehirn gespeichert, aus Lebenserfahrungen entstanden und bestimmen unser Denken, Fühlen und Handeln. Die Arbeit mit inneren Bildern ermöglicht neue kognitiv-emotionale Erfahrungen, welche auf die in den oberen Hirnregionen verankerte Haltung von Selbstwirksamkeit Einfluss nehmen.

Emotionale Unausgewogenheit kann als fehlende oder mangelhafte Kommunikation zwischen oberen Hirnregionen und tieferen Arealen, wo die Angst wohnt, gesehen werden. Je besser beide Hirnregionen miteinander kommunizieren und je harmonischer sie zusammenarbeiten, umso eher gelingt der Umgang mit Gefühlen, kommt es zu gekonnter Selbststeuerung.

Selbststeuerung bedeutet ganzheitliche Selbstfürsorge und meint die Fähigkeit, Impulse und deren Kontrolle ausgewogen zu leben.

Auch aus der Zellbiologie gibt es interessante Ergebnisse. So konnte gezeigt werden, dass Emotionen als Information sogar über weite Entfernungen von einem Gesamtorganismus in zu ihm gehörige Zellen übermittelt werden können.

Mittlerweile ist einiges über Zellkommunikation bekannt und belegt. Zellen reagieren auf Umweltreize mit ihrer Zellmembran, welche die Zelle mit Energie versorgt. Diese Umweltreize kommen von außerhalb oder innerhalb des Organismus. Zellen sind also durch Einflüsse außerhalb ihrer selbst programmierbar. Sie reagieren vorwiegend mit Wachstums- oder Schutzreaktionen auf Umweltsignale. Wachstum entspricht einem offenen Austausch (Hin-zu-Bewegung) mit zusätzlicher Energieproduktion, Schutz entspricht Rückzug und Schließung (Weg-von-Bewegung) des Zellsystems. Eine längere Schutzhaltung (z. B. chronischer Stress) verhindert die Erzeugung lebenserhaltender Energie – kostet demnach immer Lebenskraft.

In Bezug auf die Selbstorganisationsforschung in der Biologie ist anzunehmen, dass Lebensvorgänge wie Blutdruck, Stoffwechsel etc. ihrem innersten Wesen nach Schwingungen und Rhythmen sind. Bisherige Erkenntnisse der Chronobiologie, welche biologische Rhythmen untersucht, favorisieren das Prinzip der Homöodynamik im Organismus (alles schwingt beständig) zu Ungunsten des Prinzips der Homöostase (angestrebter starrer Idealzustand). Der Mensch wird als rhythmisches Wesen bezeichnet mit inneren Prozessen, die stets zwischen dem Körperlichen, dem Emotionalen und dem Sprachlichen schwingen, um ein ganzheitliches Gleichgewicht aufrechtzuerhalten. So haben seelische Heilungsprozesse ebenso einen rhythmischen Kontext. Die erfolgreiche Kombination von Chaos (Freiheit, Kreativität) und Ordnung (Sicherheit, Stabilität) im rhythmischen Wechsel fördert die Lebensqualität unseres Organismus.

Mentale Wachstumsvorgänge schließen die körperliche Ebene mit ein, da der Mensch noch vor Emotion und Bewusstsein zuerst körperlich wahrnimmt. So drücken sich emotionale Belastungen auch über den Körper aus, da Gedanken und Emotionen gewisse biochemische Stoffe in unseren Organen erzeugen. Den Einfluss unserer Gedanken auf den Körper belegen auch zahlreiche empirische Studien zum Placebo-Effekt. Auch Schmerzen können allein durch Vorstellungskraft entstehen.

Körperliche Begleiterscheinungen sind bei Imaginationsprozessen immer wieder möglich. Denn mentale Bilder sind imstande, emotionale Zustände hervorzurufen, die sich körperlich auswirken. Somit öffnen Imaginationen den Zugang zu wortlosen Körperempfindungen und laden zum Dialog mit dem Körper ein.

Grundsätzlich haben imaginative Methoden die Kraft auf die Immunabwehr, welche auf Emotionen und Gedanken reagiert, sowohl positiven als auch negativen Einfluss zu nehmen. Das Spannungsfeld reicht von psychogener Heilung bis zum psychogenen Tod.

Bedeutsam für mentale Wachstumsprozesse im psychosozialen Beratungsfeld ist auch die Berücksichtigung des menschlichen Grundbedürfnisses nach Bindung. Seelisches Gedeihen braucht eine sichere Bindung, wobei eine wirksame therapeutische Beziehung analog zur sicheren Bindung des Kindes verstanden werden kann. Daraus folgt, dass die Therapeuten und Therapeutinnen selbst über eine ressourcenorientierte innere Einstellung verfügen und zur Transformation fähig sein sollten. Denn dann bieten sie ihren Klienten und Klientinnen eine Art fürsorgliches Haltefeld – schützend, gewährend, (aus-)haltend. So ist es durchaus möglich, dass sich das dysfunktionale System der Klienten an das beruhigende System der Therapeuten adaptiert.

Auch für erfolgreiche Imaginationsarbeit ist eine gute Beraterin-Klientin-Beziehung unabdingbar. Erst sie ermöglicht und erleichtert der Klientin, sich auf innere Bilder einzulassen. Ebenso unabdingbar ist die Sorgfaltspflicht und der wachsame Umgang der Beraterin mit den Imaginationen der Klientin, da diese als Abbild intrapsychischen Geschehens auch Störbilder enthalten und Probleme intensiviert werden können. Während des Imaginierens sind Klientinnen offener, weniger kontrolliert und dadurch verletzlicher. Imaginationen enthalten in Ordnungs-Ordnungs-Übergängen auch zahlreiche instabile Momente. Diese sind besonders wertvoll, weil sie sich mit ihrer ihnen innewohnenden Freiheit als Gestaltungsraum anbieten. Diese Freiheit auszuhalten, den selbstregulativen Fähigkeiten der Klientinnen zu vertrauen, achtsam zu lenken und keinen manipulativen Impulsen zu erliegen, ist ganz wesentlich für die Haltung der Beraterinnen. Auch die Übertragungsdynamik ist zu beachten, da sie in die Imagination projiziert wird. Imagination scheint nur dann von Nutzen, wenn positive Übertragungsanteile überwiegen.

Hinsichtlich zwischenmenschlicher Beziehungen generell liefert die Chemie mit der Natriumchlorid-Synthese und dem Verhalten von Edelgasatomen inspirierende Beispiele, um die meist unbewusst ablaufenden Wechselwirkungen, die das Wohlergehen von Menschen bestimmen, verständlicher zu machen. Diese Dynamik spiegelt sich auch in Imaginationen wider: Es kann sein, dass Menschen aufgrund suboptimaler Lebenserfahrungen von anderen zum Zwecke der eigenen Harmonie, Stabilisierung und inneren Ausgeglichenheit missbraucht und manipuliert werden, wodurch dysfunktionale innere Muster hervorgerufen werden. Diese Zusammenhänge bei sich und anderen zu verstehen, ist hilfreich für die Entwicklung einer würdevollen Haltung gegenüber Klienten und Klientinnen und zwischen Menschen allgemein.

Die seelische Gesundheit eines Menschen hängt nicht primär davon ab, welche Gene in ihm vorhanden sind, sondern welche Gene durch ihre Umgebung aktiviert werden. Diesen Einfluss des Umfeldes auf Gene beforscht die

Wissenschaft der Epigenetik und liefert zusätzliche Hinweise, dass feinstoffliche und immaterielle Kriterien wie Überzeugungen, Gefühle, Einstellungen für die Genexpression von herausragender Bedeutung sind, da sie unmittelbar auf die Zellebene einwirken. Dadurch erfährt unser Erbgut durch epigenetische Prozesse eine stete Veränderung und kann auch transgenerational weitergegeben werden.

Gefühle von Aggression im Menschen werden durch unbefriedigende Beziehungen zu anderen geweckt und entsprechen keinem menschlichen Grundbedürfnis. Auch neuere Untersuchungen der modernen Neurobiologie bekräftigen, dass der Mensch primär auf soziale Akzeptanz, Kooperation, Fairness, auf humane Werte fokussiert ist und entkräften die Existenz eines Aggressionstriebes im Menschen.

Ursächlich steht die menschliche Aggression als soziales Regulativ im Dienste des Menschen. Erst wenn Werte wie Zuneigung und soziale Akzeptanz durch Zurückweisung, Ausgrenzung, Demütigung oder Verachtung gefährdet sind, reagieren Alarmsysteme im Gehirn mit Angst und Aggression. Wobei derartiges menschliches Verhalten wie körperlicher Schmerz wahrgenommen wird, auch dann, wenn erlebt wird, dass anderen Leid geschieht. Aufgrund der Aggressionsverschiebung kann sich Aggression auch zeitversetzt an unbeteiligten Personen entladen. Daher ist das Wissen um das ursprünglich kommunikative Signal der Aggression von immenser Bedeutung: ein aggressiver Mensch drückt körperlichen oder sozialen Schmerz aus. Gefühle der Aggression in zumutbarer Weise zur Sprache zu bringen, birgt Chancen zur konstruktiven Gefühlsveränderung. Destruktiv wird sie dann, wenn sie ihre kommunikative Funktion einbüßt und sich ein unseliger Kreislauf zwischen dem Betroffenen und seiner Umwelt entspinnt.

Würdevolles, achtsames zwischenmenschliches Verhalten, gerechte soziale Strukturen und Wissensvermittlung sind wesentliche Komponenten der Gewaltprävention.

Leidvolle Beziehungserfahrungen beeinflussen auch die Potentialentfaltung des Menschen, für welche ein gedeihliches, soziales Milieu erforderlich ist. Was für den Körper die Nahrung ist, sind für die Seele Beziehungen. Daher kommt der Erziehung von Kindern mit vorwiegend dyadischen Beziehungserfahrungen besonders im Kleinkindalter auch eine große Bedeutung zu.

Suboptimale Lebenserfahrungen fördern lebenseinschränkende Überzeugungen, die menschliches Denken, Fühlen, Handeln maßgeblich bestimmen. Wobei jeder Mensch, im Sinne der transgenerationalen Weitergabe bereits Information mitbringt.

Solche Überzeugungen können sich durch günstigere Lebenserfahrungen oder durch Erkenntnisgewinn zu lebensfördernden Gedanken verändern. Erkenntnisgewinn im Sinne von Wissen und Aufklärung bedeutet auch Schutz des freien Willens vor Manipulation. Allerdings nur dann, wenn Wissen nicht dogmatisch besetzt wird. Sonst erwächst die Gefahr für Fundamentalismus oder geistigen Kolonialismus.

„Die Grundlage der Welt ist nicht materiell, sondern geistig" (Dürr, 2014, S. 101). So gehören Erkenntnisse, Überzeugungen, Überlegungen und Vorstellungen einer immateriellen Welt an. Das Zusammenspiel von Materie und Geist vollzieht sich möglicherweise analog zu einem Instrument, welches die Töne hervorbringt, diese aber nicht bestimmt. Es ist sinnvoll, auch die unbewussten Anteile unserer inneren Realität oder tieferen Wirklichkeit mehr als bisher zu beachten und von ihnen zu wissen, da sie unsere geistigen Aktivitäten maßgeblich mitbestimmen. Die eigene Imaginationsfähigkeit und imaginative Methoden verstärkt dafür zu nützen, erscheint als dienlicher Weg.

> Die innere Welt ist in kaum ahnbarer Weise polyphon, also vielstimmig und vielsagend und weiß vom Leben Dinge, die dem Verstand fremd sind. Sie ist reich an Erkenntnis- und Phantasieschätzen,

reich vor allem an geistiger Kraft….Wir haben zu lange die Inbalance zwischen unserem Bewusstsein [bewusstem Denken] und unserer inneren Welt geduldet und daher das, was sie an geistigen Potentialen in sich birgt, zu wenig beachtet. Gerade aber diese Welt, deren Mitte nicht der Trieb ist, sondern der Geist, deren Grund nicht das Chaos ist, sondern der Sinn, deren Ziel nicht der Hass ist, sondern die Bejahung von Leben, bietet alle Voraussetzungen dafür, mehr als bisher die Fülle des ganzen Lebens erfahren zu können. Denn in der Tiefe ist es hell. (Böschemeyer, 2004, S. 254)

Resümee:

Wir befinden uns inmitten eines Phasenübergangs und Transformationsprozesses. Die Chance liegt in der individuellen wie gesellschaftlichen Weiterentwicklung, in der Ausschöpfung der Möglichkeiten menschlichen Potentials gebettet in Gestaltungs- und Wahlfreiheiten. Die Gefahr ist das Verharren in düsterem Kulturpessimismus, wenn der Angst und Aggression das Zepter in die Hand gegeben wird. Wohl gilt es wieder eine Wahl zu verantworten, nämlich „Weitergehen oder Stehenbleiben?" Weitergehen bedeutet den hoffnungsvollen Blick auf das Wesen Mensch und seine Zukunft mit der unabdingbaren Akzeptanz der Vergangenheit. Stehenbleiben hieße Verweigerung von Entwicklung, Erstarrung in Angst und Schrecken sowie Aktivierung erdenklicher Schutzmechanismen.

Der Mensch ist ein energetisches,.rhythmisches Wesen. Die wahre Natur des Menschen ist auf Verbundenheit, Zugehörigkeit, Kooperation, Fairness, Wachstum und Freiheit ausgerichtet. Es ist nicht seine biologische Bestimmung schlecht oder sündig zu sein. Soziale Erfahrungen sind eine bestimmende Komponente für menschliches Verhalten. Das bestärkt die Annahme, dass in jeder Dunkelheit Licht ist.

Menschliche Vorstellungskraft verfügt über eine große Macht und wirkt auf Körperprozesse ein. Die Spannbreite reicht von psychogener Heilung bis zum psychogenen Tod. Daher haben immaterielle, feinstoffliche Komponenten in Form von Gedanken, Emotionen, Vorstellungen, Überzeugungen etc. als maßgebliche Determinanten einen großen Einfluss auf das ganzheitliche Gleichgewicht im Menschen.

Durch die Impulskraft der Ressourcenaktivierung ist es möglich, dysfunktionale Muster in funktionale Muster zu transformieren, wobei sich Imaginationen als förderlicher Gestaltungsraum für seelische Reorganisationsprozesse erweisen. Interdisziplinäre Forschungsergebnisse liefern immer mehr Hinweise, dass Wandlung, Veränderung zeitlebens möglich ist.

Aufgrund der Wechselwirkung aller Systemebenen (psychisch, physisch, interpersonell, kulturell) wirken Emotionen auch auf die körperliche Ebene ein. Körperempfindungen enthalten Informationen, die in inneren Bildern ausgedrückt und bearbeitet werden können. Sie sind daher erkenntnisweisend.

Gedanken und Emotionen sind als Quellen innerer Information aus Vorerfahrungen entstanden, welche als innere Bilder in Imaginationen zugänglich sind. Innere Bilder entsprechen neuronalen Netzwerken und bestimmen unser Denken, Fühlen und Handeln und somit die innere Haltung eines Menschen.

Demnach ist es verständlich, dass das menschliche Imaginationsvermögen seit langem schon für Heilungsprozesse, für Stärkung von Eigenverantwortung und Selbstbestimmung genutzt wird und auch im Lernkontext entsprechende Bedeutung hat. Denn vieles weist darauf hin, dass es sehr wertvoll und aufschlussreich ist, inneren Bildern auch im psychosozialen Beratungsprozess Beachtung zu schenken und sie aktiv und bewusst miteinzubeziehen.

Was wäre, wenn ...

... es uns in Zukunft gelänge, mehr Achtsamkeit auf unser Denken und Fühlen zu lenken?

... wir akzeptierten, dass Gefühle, Emotionen und Körperempfindungen innere Informationen enthalten?

... wir der Erforschung des Herzens genauso viel Gewicht gäben wie der Erforschung des Gehirns?

... wir inneren Transformationsprozessen mehr als bisher vertrauten?

... es uns gelänge, einen würdevolleren und respektvolleren Umgang mit uns selbst und mit anderen zu pflegen?

... wir einander mehr Ressource und weniger Belastung wären?

... es dann psychosoziale Beratung nicht mehr bräuchte? ...

Ohne Fragen werden wir nie Antworten finden.

„Imagine all the people
Sharing all the world...
You may say I am a dreamer
But I'm not the only one
I hope same day you'll join us
And the world will live as one"

(letzte Strophe "Imagine" von John Lennon)

Literaturverzeichnis

Achterberg, J. (1987). *Die heilende Kraft der Imagination. Heilung durch Gedankenkraft. Grundlagen und Methoden der Neuen Medizin.* Bern: Scherz.

Antonovsky, A. (1997). *Salutogenese. Zur Entmystifizierung der Gesundheit.* Tübingen: DGVT-Verlag.

Bahrke, U. & Nohr, K. (2013). *Katathym Imaginative Psychotherapie. Lehrbuch der Arbeit mit Imaginationen in psychodynamischen Psychotherapien.* Berlin: Springer.

Bamberger, G.G. (2015). *Lösungsorientierte Beratung* (5. überarbeitete Auflage). Weinheim: Beltz.

Bandura, A. (1979). *Sozial-kognitive Lerntheorie.* Stuttgart: Klett-Cotta.

Bauer, J. (2013). *Schmerzgrenze. Vom Ursprung alltäglicher und globaler Gewalt* (2. Auflage). München: Wilhelm Heyne.

Bauer, J. (2015). *Selbststeuerung. Die Wiederentdeckung des freien Willens* (4. Auflage). München: Blessing.

Berndt, C. (2014). *Resilienz. Das Geheimnis der psychischen Widerstandskraft. Was uns stark macht gegen Stress, Depressionen und Burn-out* (12. Auflage). München: Deutscher Taschenbuch Verlag.

Beyer, U. (2008). *Erläuterungen und Dokumente. Friedrich Hölderlin. 10 Gedichte.* Stuttgart: Reclam.

Birbaumer, N. (2015). *Dein Gehirn weiß mehr, als Du denkst. Neueste Erkenntnisse aus der Hirnforschung* (3. Auflage). Berlin: Ullstein.

Böschemeyer, U. (2004). In der Tiefe ist es hell. Wert- und Sinnerfahrung durch Wertimaginationen. In R. Schelander, M. Schreiner & W. Simon

(Hrsg.), *Erziehung – Therapie – Sinn. Festschrift für Heinz Rothbucher, Salzburg 2004* (S. 241-254). Münster: LIT.

Böschemeyer, U. (2005). *Unsere Tiefe ist hell. Wertimagination – ein Schlüssel zur inneren Welt.* München: Kösel.

Böschemeyer, U. (2007). *Gottesleuchten. Begegnungen mit dem unbewussten Gott in unserer Seele.* München: Kösel

Church, D. (2010). *Die Neue Medizin des Bewusstseins. Wie Sie mit Gedanken und Gefühlen Ihre Gene positiv beeinflussen können* (4. aktualisierte Auflage). Kirchzarten: VAK

Clauer, J. (1997). Imagination und Körperpsychotherapie. In L. Kottje-Birnbacher, U. Sachsse & E. Wilke (Hrsg.), *Imagination in der Psychotherapie* (S. 159-167). Bern: Hans-Huber.

Damasio, A.R. (2003). *Ich fühle, also bin ich. Die Entschlüsselung des Bewusstseins* (4. Auflage). München: List.

De Mello, A. (1993). *Eine Minute Unsinn. Weisheitsgeschichten.* Herder: Freiburg.

Dick, A. (2011). Durch Psychotherapie Freude, Vergnügen und Glück fördern. In R. Frank (Hrsg.), *Therapieziel Wohlbefinden. Ressourcen aktivieren in der Psychotherapie* (S. 43-54), (2. aktualisierte Auflage). Heidelberg: Springer.

Doidge, N. (2014). *Neustart im Kopf. Wie sich unser Gehirn selbst repariert* (2. Auflage). Frankfurt: Campus.

Dürr, H.-P. (2014). *Warum es ums Ganze geht. Neues Denken für eine Welt im Umbruch.* (4. Auflage). Frankfurt: Fischer.

Ernst, W.W. (2015). Dem Denken werden gewaltsam Grenzen gesetzt. *Interview Tiroler Tageszeitung vom 14. Oktober 2015*, Kultur & Medien, S. 14.

Fiedler, P. (2004). Ressourcenorientierte Psychotherapie bei Persönlichkeitsstörungen. *Psychotherapeutenjournal, 3 (Heft 1)*, 4-12

Fiedler, P. (2011). Ressourcenorientierte Psychotherapie. In R. Frank (Hrsg.), *Therapieziel Wohlbefinden. Ressourcen aktivieren in der Psychotherapie* (S. 19-31), (2. aktualisierte Auflage). Heidelberg: Springer.

Flückiger, C. & Holforth M.G. (2011). Ressourcenaktivierung und motivorientierte Beziehungsgestaltung: Bedürfnisbefriedigung in der Psychotherapie. In R. Frank (Hrsg.), Therapieziel Wohlbefinden. Ressourcen *aktivieren in der Psychotherapie* (S. 33-42), (2. aktualisierte Auflage). Heidelberg: Springer.

Flückiger, C. & Wüsten, G. (2015). *Ressourcenaktivierung. Ein Manual für Psychotherapie, Coaching und Beratung* (2. aktualisierte und erweiterte Auflage). Bern: Huber.

Frank, R. (2011). Den störungsorientierten Blick erweitern. In R. Frank (Hrsg.), *Therapieziel Wohlbefinden. Ressourcen aktivieren in der Psychotherapie* (S 3-16), (2. aktualisierte Auflage der Neuausgabe 2007). Heidelberg: Springer.

Frankl, V. (2005). *Das Leiden am sinnlosen Leben. Psychotherapie für heute.* (16. Auflage der Neuausgabe). Freiburg: Herder.

Grawe, K. (2000). *Psychologische Therapie* (2., korrigierte Auflage der Neuausgabe 1998). Göttingen: Hogrefe.

Grawe, K. (2004). *Neuropsychotherapie.* Göttingen: Hogrefe.

Grolimund, F. (2014). *Psychologische Beratung und Coaching. Lehr- und Praxisbuch für Einsteiger.* Bern: Hans Huber.

Grün, A. (2014). *Selbstwert entwickeln. Spirituelle Wege zum inneren Raum* (2. Auflage). Freiburg: Herder.

Haken, H. & Schiepek, G. (2010). *Synergetik in der Psychologie. Selbstorganisation verstehen und gestalten* (2., korrigierte Auflage der Neuausgabe 2006). Göttingen: Hogrefe.

Holleman, A.F. & Wiberg, E. (1995). *Lehrbuch der Anorganischen Chemie* (101., verbesserte und stark erweiterte Auflage). Berlin: de Gruyter.

Hüther, G. (2005). *Die Macht der inneren Bilder. Wie Visionen das Gehirn, den Menschen und die Welt verändern* (2. Auflage). Göttingen: Vandenhoeck & Ruprecht.

Hüther, G. (2012). Ein unscharf entworfenes Bild sagt mehr als viele ausgesprochen geschliffene Worte. In L. Kottje-Birnbacher, U. Sachsse & E. Wilke (Hrsg.), *Psychotherapie mit Imaginationen* (Vorwort, S. 11-16), (1. Nachdruck). Bern: Hans Huber.

Hüther, G. (2015). *Etwas mehr Hirn, bitte. Eine Einladung zur Wiederentdeckung der Freude am eigenen Denken und der Lust am gemeinsamen Gestalten.* Göttingen: Vandenhoeck & Ruprecht.

Kast, V. (2012). *Imagination. Zugänge zu inneren Ressourcen finden.* Ostfildern: Patmos.

Kast, V. & Riedel I. *(2011). C.G. Jung. Ausgewählte Schriften.* Ostfildern: Patmos

Kauffeld, S., Jonas, E. & Schneider, H. (2009). Strategisches Verhalten in der Berater-Klienten-Interaktion. In H. Möller & B. Hausinger (Hrsg.), *Quo vadis Beratungswissenschaft?* (S. 119-139). Wiesbaden: VS Verlag für Sozialwissenschaften.

Kottje-Birnbacher, B., Sachsse, U. & Wilke E. (1997). *Imagination in der Psychotherapie* (Vorwort). Bern: Hans Huber.

Kirn, T., Eichelmeyer, L. & Engberding, M. (2009). *Imagination in der Verhaltenstherapie* (2. Auflage). Berlin: Springer.

Kriz, J. (2013). Die Personzentrierte Systemtheorie in der Beratung. In S.B. Gahleithner, I. Maurer, E.O. Ploil & U. Straumann (Hrsg.), *Personzentriert beraten: alles Rogers?* (S. 99-130). Weinheim: Beltz Juventa.

Ladenbauer, W. (2012). Systematik der Techniken in der Begleitung katathymer Bilder. In L. Kottje-Birnbacher, U. Sachsse & E. Wilke (Hrsg.), *Imagination in der Psychotherapie* (S. 191-212), (1. Nachdruck). Bern: Hans Huber.

Lazarus, A. (2006). *Innenbilder. Imagination in der Therapie und als Selbsthilfe* (4. Auflage). Stuttgart: Klett-Cotta.

Leibig, B. (2014). Imagination und Neurobiologie. In B. Dorst & R.T. Vogel (Hrsg.), *Aktive Imagination. Schöpferisch leben aus inneren Bildern* (S. 91-99). Stuttgart: W. Kolhammer GmbH.

Lipton, B. (2014a). *Intelligente Zellen. Wie Erfahrungen unsere Gene steuern* (13. Auflage). Burgrain: KOHA.

Lipton, B. (2014b). *Der Honeymoon-Effekt. Liebe geht durch die Zellen* (2. Auflage). Burgrain: KOHA.

Lipton, B. & Bhaerman, S. (2014). *Spontane Evolution. Unsere positive Zukunft und wie wir sie erreichen.* Burgrain:KOHA.

Lorenz, S. (1996). *Die Kraft der kreativen Imagination. Wie das Erleben der inneren Bilder zu Wandlung und Heilung führt.* Berlin: VWB.

Lutz, R. (2011). Euthyme Therapie und Salutogenese. In R. Frank (Hrsg.), *Therapieziel Wohlbefinden. Ressourcen aktivieren in der Psychotherapie* (S. 55-68), (2. aktualisierte Auflage). Heidelberg: Springer.

Madert, K. (2007). Die Behandlung Traumatisierter ist heutzutage Körperpsychotherapie. In Ch. Geißler, P. Geißler u. O. Moser (Hrsg.).

Körper, Imagin*ation und Beziehung in der Traumatherapie* (S. 251-297). Gießen: Psychosozial-Verlag.

McTaggart, L. (2013). *Intention. Mit Gedankenkraft die Welt verändern.* Kirchzarten: VAK.

Moser, M. (2014). „Alles schwingt" – Chronobiologie und Chronomedizin. In M. Peters (Hrsg.), *Gesundmacher Herz. Wie es uns steuert, verbindet und heilt* (S. 48-66). Kirchzarten: VAK.

Nußbeck, S. (2014). *Einführung in die Beratungspsychologie* (3., aktualisierte Auflage). München: Ernst Reinhardt.

Peter, B. (2009). *Einführung in die Hypnotherapie.* Heidelberg: Carl-Auer.

Peters, M. (2014). *Gesundmacher Herz. Wie es uns steuert, verbindet und heilt.* Kirchzarten: VAK.

Plassmann, R. (2007a). *Die Kunst des Lassens. Psychotherapie mit EMDR für Erwachsene und Kinder.* Gießen: Psychosozial-Verlag.

Plassmann, R. (2007b). Moderne Traumatherapie und Körper. . In Ch. Geißler, P. Geißler u. O. Moser (Hrsg.). Körper, Imagin*ation und Beziehung in der Traumatherapie. Tagungsband zum 6. Wiener Symposium „Psychoanalyse und Körper"* 2006 (S. 169-187). Gießen: Psychosozial-Verlag.

Plassmann, R. (2011). Selbstorganisation. *Über Heilungsprozesse in der Psychotherapie.* Gießen: Psychosozial-Verlag.

Plassmann, R. (2014a). Transformationsprozesse in der Traumatherapie. Einführung in die Prozessorientierte Psychotherapie. In R. Plassmann (Hrsg.), Die Kunst, seelisches Wachstum zu fördern.   Transformationsprozesse in der Psychotherapie (S. 49-66). Gießen: Psychosozial-Verlag.

Plassmann, R. (2014b). Emotionale Selbstorganisation in Stressberufen. In R. Plassmann (Hrsg.), Die Kunst, seelisches Wachstum zu fördern. Transformationsprozesse in der Psychotherapie (S. 87-108). Gießen:

Reddemann, L. (2007). *Imagination als heilsame Kraft. Zur Behandlung von Traumafolgen mit ressourcenorientierten Verfahren* (13. Auflage). Stuttgart: Klett-Cotta.

Reddemann, L. & Stasing, J. (2013). *Imagination. Handwerk der Psychotherapie, Band 2*. Tübingen: Psychotherapie-Verlag.

Reichel, R. (2005). *Beratung-Psychotherapie-Supervision. Einführung in die psychosoziale Beratungslandschaft*. Wien: Facultas.

Riemeyer, J. (2007). *Die Logotherapie Viktor Frankls und ihre Weiterentwicklungen. Eine Einführung in die sinnorientierte Psychotherapie*. Bern: Hans Huber.

Rogers, C.R. (2015). *Der neue Mensch* (10. Auflage). Stuttgart: Klett-Cotta.

Schiersmann, C. & Thiel, H.-U. (2009). Beratung als Förderung von Selbstorganisationsprozessen – auf dem Weg zu einer allgemeinen Theorie der Beratung jenseits von ‚Schulen' und ‚Formaten'. In H. Möller & B. Hausinger (Hrsg.), *Quo vadis Beratungswissenschaft?* (S. 73-103). Wiesbaden: VS Verlag für Sozialwissenschaften.

Schmid, G.B. (2010). *Selbstheilung durch Vorstellungskraft*. Wien: Springer.

Schmucker, M. & Köster, R. (2014). *Praxishandbuch IRRT. Imagery Rescripting & Reprocessing Therapy bei Traumafolgestörungen, Angst, Depression und Trauer*. Stuttgart: Klett-Cotta.

Schnell, M. (1997). Der imaginative Raum – vom Übergangsobjekt zur Objektbeziehung. In L. Kottje-Birnbacher, U. Sachsse & E. Wilke (Hrsg.), *Imagination in der Psychotherapie* (S. 207-215). Bern: Hans Huber.

Schnell, M. (2012). Imaginationen im Dialog – Zur Dynamik der Übertragungs- und Gegenübertragungsprozesse in der Katathymimaginativen Psychotherapie. In L. Kottje-Birnbacher, U. Sachsse & E. Wilke (Hrsg.), *Imagination in der Psychotherapie* (S. 141-151), (1. Nachdruck). Bern:Hans Huber.

Schulze, G. (2005). *Die Erlebnisgesellschaft. Kultursoziologie der Gegenwart.* (2. Auflage). Frankfurt: Campus.

Schwarzer, R. (2004). *Psychologie des Gesundheitsverhaltens. Einführung in die Gesundheitspsychologie* (3., überarbeitete Auflage). Göttingen: Hogrefe.

Seithe, A. (1997). Die Rolle der Imagination im Rahmen kreativer Prozesse. In L. Kottje-Birnbacher, U. Sachsse & E. Wilke (Hrsg.), *Imagination in der Psychotherapie* (S. 66-72). Bern: Hans Huber.

Servan-Schreiber, D. (2006). *Die Neue Medizin der Emotionen. Stress, Angst, Depression: Gesund werden ohne Medikamente* (25. Auflage). München: Goldmann.

Shapiro, F. (1999). *EMDRTM – Grundlagen & Praxis: Handbuch zur Behandlung traumatisierter Menschen* (2. Auflage). Paderborn: Junfermann.

Shorr, J.E. (1986). Kategorien des imaginativen Erlebens in der Therapie und ihre klinische Anwendung. In J.S. Singer & K.S. Pope (Hrsg.), *Imaginative Verfahren in der Psychotherapie* (S. 117-146). Paderborn: Junfermann.

Signer-Brandau, D. (1986). Imagination in der Gestalttherapie. In J.S. Singer & K.S. Pope (Hrsg.), *Imaginative Verfahren in der Psychotherapie* (S. 431-450). Paderborn: Junfermann.

Singer, J. (1978). *Phantasie und Tagtraum. Imaginative Methoden in der Psychotherapie.* München: Pfeiffer.

Singer, J.S. & Pope, K.S. (1986). *Imaginative Verfahren in der Psychotherapie.* Paderborn: Junfermann.

Soentgen, J. (1997). *Die verdeckte Wirklichkeit. Einführung in die Neue Phänomenologie von Hermann Schmitz.* Zugriff am 04.09.2015. Verfügbar unter www.wzu.uniaugsburg.de/download/publikationen/soentgen1998/_Die_verdeckte_WirklichkeitBUCHklein.pdf

Vogel R.T. (2014). Der „geheimnisvolle Weg geht nach innen" – Grundlagen und Praxis der Aktiven Imagination. In B. Dorst & R.T. Vogel (Hrsg.), *Aktive Imagination. Schöpferisch leben aus inneren Bildern* (S. 15-47). Stuttgart: W. Kolhammer GmbH.

Wilke, E. (1997). Zur Entwicklung und Definition der Katathymimaginativen Psychotherapie (KiP). In L. Kottje-Birnbacher, U. Sachsse & E. Wilke (Hrsg.), *Imagination in der Psychotherapie* (S. 13-15). Bern: Hans Huber.

Wilke, E. (2012). Behandlungsmöglichkeiten psychisch erkrankter Menschen mit Hilfe der Katathymimaginativen Psychottherapie. In In L. Kottje-Birnbacher, U. Sachsse & E. Wilke (Hrsg.), *Imagination in der Psychotherapie* (S.233-250), (1. Nachdruck). Bern: Hans Huber.

Wyatt, G. (2013). Ein praktischer spiritueller Weg: Das Persönliche, das Berufliche und das Gesellschaftliche verbinden. *Person 17 (2)*, 130-138.

Zander, M. (2009). Resilienz: Seelische Widerstandsfähigkeit. *Sozial Extra 11/12*, 12-13.

Zander, M. (2013). „Ich kann über's Feuer springen!" *Sozial Extra 11/12*, 57-59.

Web-Adressen:

https://chemiezauber.de/inhalt/basic-2-kl-8/salze-1/natriumchlorid synthese.html/
Zugriff am 23. 10. 2015

http://www.periodensystem.info/elemente/gruppe/edelgase
Zugriff am 18.01.2016

Printed by Printforce, the Netherlands